中国史话

物质文明系列

火器史话

A Brief History of Firearms in
Ancient China

王兆春 / 著

社会科学文献出版社
SOCIAL SCIENCES ACADEMIC PRESS (CHINA)

图书在版编目（CIP）数据

火器史话/王育成著.—北京：社会科学文献出版社，2011.12（2014.8 重印）
（中国史话）
ISBN 978－7－5097－2811－6

Ⅰ.①火… Ⅱ.①王… Ⅲ.①火器－技术史－中国 Ⅳ.①K875.84

中国版本图书馆 CIP 数据核字（2011）第 216316 号

"十二五"国家重点出版规划项目

中国史话·物质文明系列

火器史话

著　　者/王育成

出 版 人/谢寿光
出 版 者/社会科学文献出版社
地　　址/北京市西城区北三环中路甲 29 号院 3 号楼华龙大厦
邮政编码/100029

责任部门/人文分社（010）59367215
电子信箱/renwen@ssap.cn
责任编辑/宋淑洁　岳　蕾
责任校对/王琛玚
责任印制/岳　阳
经　　销/社会科学文献出版社市场营销中心
　　　　　（010）59367081　59367089
读者服务/读者服务中心（010）59367028

印　装/北京画中画印刷有限公司
开　本/889mm×1194mm　1/32　印张/6.25
版　次/2011 年 12 月第 1 版　字数/122 千字
印　次/2014 年 8 月第 2 次印刷
书　号/ISBN 978－7－5097－2811－6
定　价/15.00 元

本书如有破损、缺页、装订错误，请与本社读者服务中心联系更换
▲ 版权所有　翻印必究

《中国史话》编辑委员会

主　　任　陈奎元

副 主 任　武　寅

委　　员　（以姓氏笔画为序）

　　　　　卜宪群　王　巍　刘庆柱

　　　　　步　平　张顺洪　张海鹏

　　　　　陈祖武　陈高华　林甘泉

　　　　　耿云志　廖学盛

总　序

　　中国是一个有着悠久文化历史的古老国度，从传说中的三皇五帝到中华人民共和国的建立，生活在这片土地上的人们从来都没有停止过探寻、创造的脚步。长沙马王堆出土的轻若烟雾、薄如蝉翼的素纱衣向世人昭示着古人在丝绸纺织、制作方面所达到的高度；敦煌莫高窟近五百个洞窟中的两千多尊彩塑雕像和大量的彩绘壁画又向世人显示了古人在雕塑和绘画方面所取得的成绩；还有青铜器、唐三彩、园林建筑、宫殿建筑，以及书法、诗歌、茶道、中医等物质与非物质文化遗产，它们无不向世人展示了中华五千年文化的灿烂与辉煌，展示了中国这一古老国度的魅力与绚烂。这是一份宝贵的遗产，值得我们每一位炎黄子孙珍视。

　　历史不会永远眷顾任何一个民族或一个国家，当世界进入近代之时，曾经一千多年雄踞世界发展高峰的古老中国，从巅峰跌落。1840年鸦片战争的炮声打破了清帝国"天朝上国"的迷梦，从此中国沦为被列强宰割的羔羊。一个个不平等条约的签订，不仅使中国大量的白银外流，更使中国的领土一步步被列强侵占，国库亏空，民不聊生。东方古国曾经拥有的辉煌，也随着西方列强坚船利炮的轰击而烟消云散，中国一步步堕入了半殖民地的深渊。不甘屈服的中国人民也由此开始了救国救民、富国图强的抗争之路。从洋务运动到维新变法，从太平天国到辛亥革命，从五四运动到中国共产党领导的新民主主义革命，中国人民屡败屡战，终于认识到了"只有社会主义才能救中国，只有社会主义才能发展中国"这一道理。中国共产党领导中国人民推倒三座大山，建立了新中国，从此饱受屈辱与蹂躏的中国人民站起来了。古老的中国焕发出新的生机与活力，摆脱了任人宰割与欺侮的历史，屹立于世界民族之林。每一位中华儿女应当了解中华民族数千年的文明史，也应当牢记鸦片战争以来一百多年民族屈辱的历史。

当我们步入全球化大潮的21世纪，信息技术革命迅猛发展，地区之间的交流壁垒被互联网之类的新兴交流工具所打破，世界的多元性展示在世人面前。世界上任何一个区域都不可避免地存在着两种以上文化的交汇与碰撞，但不可否认的是，近些年来，随着市场经济的大潮，西方文化扑面而来，有些人唯西方为时尚，把民族的传统丢在一边。大批年轻人甚至比西方人还热衷于圣诞节、情人节与洋快餐，对我国各民族的重大节日以及中国历史的基本知识却茫然无知，这是中华民族实现复兴大业中的重大忧患。

中国之所以为中国，中华民族之所以历数千年而不分离，根基就在于五千年来一脉相传的中华文明。如果丢弃了千百年来一脉相承的文化，任凭外来文化随意浸染，很难设想13亿中国人到哪里去寻找民族向心力和凝聚力。在推进社会主义现代化、实现民族复兴的伟大事业中，大力弘扬优秀的中华民族文化和民族精神，弘扬中华文化的爱国主义传统和民族自尊意识，在建设中国特色社会主义的进程中，构建具有中国特色的文化价值体系，光大中华民族的优秀传统文化是一件任重而道远的事业。

当前，我国进入了经济体制深刻变革、社会结构深刻变动、利益格局深刻调整、思想观念深刻变化的新的历史时期。面对新的历史任务和来自各方的新挑战，全党和全国人民都需要学习和把握社会主义核心价值体系，进一步形成全社会共同的理想信念和道德规范，打牢全党全国各族人民团结奋斗的思想道德基础，形成全民族奋发向上的精神力量，这是我们建设社会主义和谐社会的思想保证。中国社会科学院作为国家社会科学研究的机构，有责任为此作出贡献。我们在编写出版《中华文明史话》与《百年中国史话》的基础上，组织院内外各研究领域的专家，融合近年来的最新研究，编辑出版大型历史知识系列丛书——《中国史话》，其目的就在于为广大人民群众尤其是青少年提供一套较为完整、准确地介绍中国历史和传统文化的普及类系列丛书，从而使生活在信息时代的人们尤其是青少年能够了解自己祖先的历史，在东西南北文化的交流中由知己到知彼，善于取人之长补己之短，在中国与世界各国愈来愈深的文化交融中，保持自己的本色与特色，将中华民族自强不息、厚德载物的精神永远发扬下去。

《中国史话》系列丛书首批计200种，每种10万字左右，主要从政治、经济、文化、军事、哲学、艺术、科技、饮食、服饰、交通、建筑等各个方面介绍了从古至今数千年来中华文明发展和变迁的历史。这些历史不仅展现了中华五千年文化的辉煌，展现了先民的智慧与创造精神，而且展现了中国人民的不屈与抗争精神。我们衷心地希望这套普及历史知识的丛书对广大人民群众进一步了解中华民族的优秀文化传统，增强民族自尊心和自豪感发挥应有的作用，鼓舞广大人民群众特别是新一代的劳动者和建设者在建设中国特色社会主义的道路上不断阔步前进，为我们祖国美好的未来贡献更大的力量。

陈奎元

2011年4月

⊙王育成

作者小传

　　王育成，1950年生，北京人，毕业于北京大学历史系。

　　先后于北京大学历史系、中国历史博物馆等单位从事教学、研究工作，历任助教、讲师、馆员、副研究馆员、馆业务办公室主任。现为中国社会科学院历史研究所研究员、文化史研究室主任、所学术委员会委员，中国社会科学院研究生院历史系教授、博士生导师，中国博士后科学基金评审专家，教育部学位与研究生教育发展中心评审专家，中央电视台、河南电视台等主流媒体文物鉴定专家。

目 录

引 言 …………………………………………… 1

一 火药的出现和早期火器 ………………… 3
　1. 古代方术与火药 …………………………… 3
　2. 唐宋火药蒺藜弹 …………………………… 8
　3. 管形火器的先声 …………………………… 16

二 古文献记载的火药战具 ………………… 19
　1. 《武经总要》诸火器 ……………………… 19
　2. 宋辽金火砲种种 …………………………… 28
　3. 竹纸制管形火器 …………………………… 37

三 管形金属铳炮的新纪元 ………………… 42
　1. 至顺铜炮的发现 …………………………… 42
　2. 阿城西安两铳枪 …………………………… 48
　3. 众多的元代铜铳 …………………………… 53
　4. 火药火器的西传 …………………………… 59

四 传统火药武器鼎盛时期 ················ 66
1. 明火器和碗口炮 ···················· 66
2. 各种形式的火铳 ···················· 77
3. 传统重型铜铁炮 ···················· 86
4. 燃烧爆炸性火器 ···················· 94

五 西洋火器的传入和影响 ·············· 104
1. 佛郎机炮的制造 ··················· 104
2. 辗转而来火绳枪 ··················· 116
3. 红夷大炮的出现 ··················· 124

六 盛衰并见的大清朝火器 ·············· 131
1. 明清之际的战具 ··················· 131
2. 康熙时期的火器 ··················· 139
3. 诸火药兵器举例 ··················· 149

七 全面吸收欧洲火器技术 ·············· 158
1. 师夷长技以制夷 ··················· 158
2. 政府兴办军工厂 ··················· 165
3. 枪炮制造新技术 ··················· 170

参考书目 ··························· 178

引 言

火药是中国古代的四大发明之一。火器原指能够产生烟火的战具,现今则作为火药武器的通名,是以火药为基本原料而形成的一种战斗兵器。它的产生和发展对中国古代战争、军事思想有重要影响,亦为后来世界社会、军事、文化格局的变更奠定了重要物质基础。

在中国古代历史上,火器经过三个发展阶段:第一个阶段是火器初创期,以燃烧、爆炸性初级火器为主,从现在掌握的材料看,大约从唐代后期至南宋;第二阶段以管形射击武器为主,是火器发展的重要历史时期,一般说始于南宋中期,迄明代中期;第三阶段是西方火器传入并逐步影响中国传统火器时期,是学习外来火器知识、技术的时期,大约从明代后期开始至清王朝结束为止。当然,这三个阶段的划分只是相对的,各阶段间多有交错,前一阶段的火器常常沿用到后一阶段,而后一阶段的萌芽又往往在前一阶段已产生,是一个既有各自特点又你中见我、我中有你,不能一刀切开的连续发展过程。

　　由于中国是火药武器的发明国，因此它的历史完整地体现了火器发生、壮大并最终取代冷兵器的基本过程，是人们追溯现代火器源头、了解其历史的典型篇章。

一 火药的出现和早期火器

火药,从字面上解释,意为能够发火的药。它可以迅速燃烧并释放大量能量,在封闭性容器内本身又可自供氧形成一个自燃系统,产生膨胀气体,导致喷发或容器爆炸。它不是天然产物,而是通过对某些自然物的筛选,经加工、配制形成的人工合成物。它的出现带有很大的偶然性,与颇具神秘色彩的道家丹鼎之术密切相关,与军事活动并无太大关系。随着时间的推移和战争的需要,它特殊的物理性能引起了古代军事人员或军事家的关注,不知经过多少次的调配、试用,丹鼎药物终于变成了兵家利器。伴随着金戈铁马的搏击,火药与其蘖生的火药武器逐渐在军事领域中扎根、成长以至枝繁叶茂。

1 古代方术与火药

1600多年前,我国古代的神仙道教日渐兴盛,社会上层人物中流行一种服食金丹神药便能长生不死的思想。为达到这一目的,许多人都积极从事取得仙药的烧炼之术。这类仙药既包括相当数量的中草药药剂，同时也有很多品种是用矿物质合成的。这些药物中的一部分方剂，对于人们解除疾病痛苦、增强体质甚至延年益寿都有一定功效，但却很难说哪个方剂是使人不死的神药，更难找到实际成功的范例。一些有志之士不甘于此，往往独辟蹊径试炼各种新的药剂。东晋著名道士葛洪（283～363年）就是这派人物的代表。他皓首穷经，对道教义理和金丹仙药、黄白之术等进行了广泛的搜罗和研究。青山碧水之滨，岩穴密室之内，是他研制各类仙药的主要场所。这些活动和追求都保存在他的主要著作《抱朴子》之中。后世道教对葛洪十分推崇，认为他烧炼有道，早已羽化成仙，故俗有葛仙翁一称。道书《诸仙传》等也把他载入神仙的行列。从一般观念来看，很难想象这样一位似神或仙的大方士会与中国古代科学技术史有什么关系。然而随着研究的深入，特别是在对火药史的进一步探讨中，现今学人竟不得不叩敲这位仙翁的家门了。

原来，研究者在《抱朴子·内篇》中发现一个仙药药方。该方说：武都山所产雄黄纯而没杂质，其中有一种颜色赤如鸡冠，光明晔晔，可以作为仙药使用，将它与硝石、玄胴肠、松脂三物放在一起烧炼，制出的是一种引之如布、色白如冰的仙药。火药史的探索者们注意到，这种仙药的合成物与火药的成分非常近似。一些研究者对这个药方进行烧炼模拟试验，发现当硝石、胴肠、松脂和雄黄的混合物加热到一定程度的时候，就发生了爆炸现象。在进一步的试验中人们观察到，当上述几物的混合物中硝石的比例较小时，就会烧炼出《抱朴子》所说的那种引之如布、色白如冰的物质；如硝石比例较大，猛火加热时，即会立刻出现爆炸现象。由于葛洪的药方并没有列出硝石、松脂、玄胴肠和雄黄四者的比例，对加温也没有限制，因此创造这个药方和使用这个药方的人，都有可能把硝多放些或以急火加温。这样，在烧炼仙药失败的同时，人们就能够见到会爆炸的仙药——火药。

　　大约与葛洪同时或稍晚，一些道士又进行了类似的仙药炼制。晋郑思远《真元妙道要略》记述：用硫磺、硝石、雄黄拌和蜂蜜烧炼时，它们的混合物会突然爆发出火焰，不仅会将躲避不及的制药者的手、面部烧坏，还会导致整座屋舍化为灰烬。从郑氏记载的这个药方的成分看，其实质与古代黑色火药的成分已相差无几。硫磺、硝石是古代制造火药最主要的成分。雄黄也是古火药中常常加入的药，北宋《武经总要》记载的火药配方中就有这种东西。蜂蜜最初虽然不是助燃物，但在其焦灼后则含有一定量的炭气，能代替木炭起二氧化碳的功能。由此看来，《真元妙道要略》中的这个药方，实际上就是个火药方。道书《仙苑编珠》称郑思远是三国时期的人；陶弘景《洞玄灵宝真灵位业图》则说他是葛玄的弟子，东晋永昌元年（322年）入括苍山。从后一时间概念看，说道士在晋代研制仙药时已发现了火药，应该不会有多大问题。

　　随着古人对火药认识的逐步深入，道家烧炼经验的不断积累，中国古代黑色火药的合成成分最终主要固定在硫磺、木炭和硝石三种物质上。这三种东西在我国很早就有著录。硫磺，古书中也叫做留黄、流黄、石流黄等。《神农本草经》讲，石流黄生于羌道山谷中，在中原与甘肃、青海羌人接壤的山区。《淮南子·本经训》称"流黄出而朱草生"，注意到了硫磺与朱草伴生的现象。《范子计然》则明确地指出，在汉中地区盛产硫磺。可见，秦汉时期人们便对这种药物有相当的了解与应用。三国、两晋、南北朝时期，它已成为市场上的大宗商品。炭，在我国古代最为常见，一般是指木炭，从日常生活取暖到填充墓穴以保持干燥，使用量很大，动辄以几石甚至几百石计。这种炭所含氢、氧气量极少，在与硝混合起来燃烧时，易于产生极高的温度向外膨胀，其中以杨、柳木烧制的木炭为最佳。

硝是火药中最重要的成分，即现代化学中的硝酸钾（KNO_3）。它在燃烧时火焰呈紫青色，火药爆炸力的大小、冲击力量的强弱，均与硝的质地、纯净度的高低、使用量的多寡有直接的关系。它在燃烧过程中可以释放大量的氧气，是密封性容器内硫磺、木炭能够燃烧的根本原因。火药之所以形成一个自供氧体系速燃自爆，全赖于此物的使用。在我国古文献中，硝的异名甚多，主要有9种：一作"消"，系同音假借之名。在古人的认识中，硝能"制五金八石"，"化七十二种石"，个性猛烈，故烧炼家又称其为"火消"、"焰消"。其矿多产于污秽之地，常覆盖于岩石表面或地面、墙角处，颜色泛白，故又有"地霜"一名。取天然硝，经煮炼、过滤、冷却等工序析出结晶，形成粗制品，坚白如石，所以有"硝石"的称呼。将粗制品与萝卜放在一起煮，后置于盆中冷却，表层结晶如细毫芒者叫"芒消"；生圭角状如白牙者称"马牙消"，亦称"生消"；其凝结于盆底成块者，也往往称为"消石"。

对于硝，先秦时期的古人就已认识并使用。1973年底，考古工作者在长沙马王堆3号汉墓发现一批帛书，其中有《五十二病方》，是迄今为止我国已发现的最古的医学方书。该方书的抄写时间不晚于秦汉之际，应是公元前3世纪末的写本，其成书当在战国后期。书中记载可以把硝石放置在温汤中，治疗痈结。秦汉时期的《神农本草经》把古药分成上、中、下三品，硝石被列为上品药中的第六种，并称当时已用"炼"法给硝石加温。在火药被发现后，硝的质量鉴定成为人们关注的重点，出现许多实用方法。陶弘景《本草经集注序录》记载了一种：上好的硝颜色像雪白色的盐一样，但握在手中不冰手，点燃时升起一股紫青色的烟，灰烬沸动如同朴硝，这才是真正的好硝石。

早期硝石盛产于我国西部地区。《神农本草经》说益州生，《范子计然》说出陇道，《证类本草》说益州山谷及武都、陇西、西羌皆产，产地主要是今天的四川、甘肃以及青海部分地区。道书《众术类金石簿五九数诀》载唐代发现了新的硝石产地：麟德年甲子岁（664年），婆罗门支法材负梵甲来中国，前往五台山巡礼，途经汾州灵石县，见到此地产有硝石，便带领赵如珪、杜法亮等12人采取试用，但质量不好。

又行至泽州，发现此地山川也产硝，便又带人采取。试烧后，紫焰烽起，即使与著名的乌苌国硝石相比，质量也较好。泽州即今山西省晋城县。可见，随着用硝量的增加，内地也开始了硝的生产。上述情况，都为火药的制造、发展及其在军事领域中的应用创造了条件。

唐宋火药蒺藜弹

随着火药制作工艺的进步，中国古代工匠便开始了火药兵器的制造，并很快装备于军队。从现在所掌握的资料看，最早的火器是抛石机发射的一种火药陶弹。抛石机是一种远射兵器，春秋战国时期即在古战场上使用，早期可能是利用弹力投抛石弹，后来则采用杠杆原理抛石。这种战具有过很多名字，如旝（音kuài）、云旝、发石车、抛车、拍、拍车等等。三国时期开始使用"砲"一名，魏明帝曹叡所作《善哉行》中即有"发砲若雷"之句。当时它是指被抛投物本身，后来在很多情况下它也作为弹体的固有名称。不过，隋、唐、宋、辽、金、元诸朝文献也往往用它称呼抛投战具，而其中能够发射火药弹的抛石机则被称为火砲。就目前所见实物分析，这种火砲投抛的多是火药陶弹，现介绍四种。

第一种名"唐青黄釉陶火蒺藜"（见图1），是现知最早的火药陶弹实物，中国历史博物馆藏品。弹体通高9.5厘米；上部有一小圆口，直径2厘米；圆平底，直径 4.8 厘米。器表大半部位施青黄色釉，釉上有 3 层乳突形阳起物，形似蒺藜刺但并不尖锐，每层 4 枚，共 12 枚；下部系素面陶。除去蒺刺，该弹整器外形如同一个小口陶罐，与南北朝隋唐常见的半施釉带系罐非常相似。这件陶弹弹体中空，腹部圆凸，可通过小口置入多量火药，小口可安置引火线。

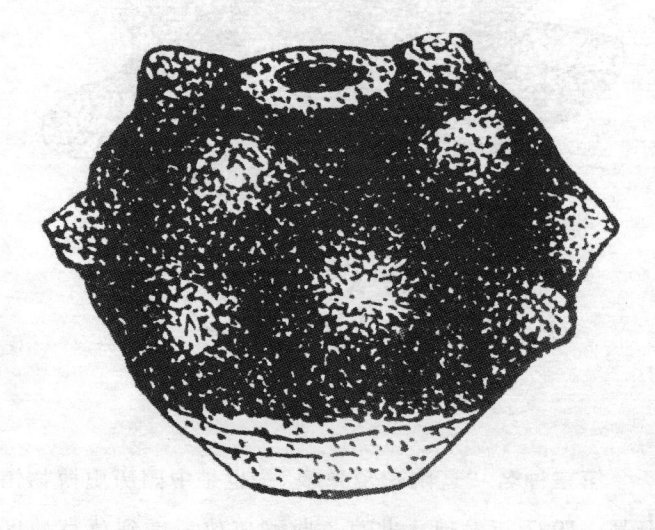

图 1　唐代火药陶弹

　　第二种也是半施釉火药陶弹，但与第一种相比较，其外形特征开始出现一些明显变化。首先是弹体变大；其次是蒺刺增多并显得分外长大，分布范围已突破釉区，进入近底的素陶面。如"瓣青釉多刺火药掷弹"，弹体通高约 14 厘米，施釉区内有 3 层蒺刺，素陶区内有 1 层，每层 4 刺，素陶区的蒺刺虽已残失，但刺疤残迹异常明显，整弹应有 12 枚蒺刺（见图 2）。该弹刺体粗大，长度至少是上述唐弹刺体的两倍以上。但是，它半施青釉、最底层蒺刺根没有达及弹底的特点，仍与唐弹相类。因此，它应是唐弹的进一步发展类型，估计很可能是北宋初期军事活动的遗物。

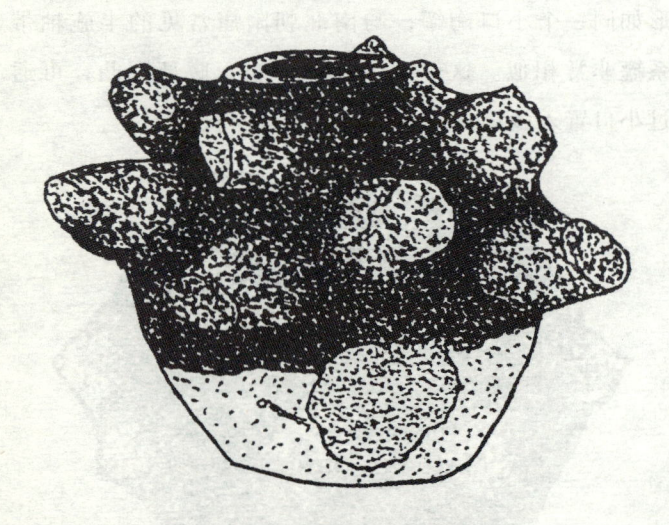

图 2　北宋蟹青釉火药陶弹

第三种名"辽陶蒺藜弹罐"，也是中国历史博物馆藏品。1957年发现于北京，收藏单位考虑到燕京地区在很长一段时间内都被辽朝控制，因冠辽名于首。最近有关论文也曾提到过两颗这种火药陶弹，一些学者怀疑辽人是否能拥有这种先进的火器。其实，辽地完全不像有些学者想象的那么落后，特别是燕京这样的大都市，并未由于辽人的占领而在经济、技术水平上有多大倒退，在火器的制造、使用上也是如此。北宋朝廷虽严禁火药技术外传，并下令禁止榷场私买硫磺、焰硝，但辽人仍然得到了这项技术，制造了很多火器，并曾在燕京地区"日阅火砲"。由此看来，在燕京地区即今日北京发现辽人火砲使用的陶火药弹,实在是意料中事。该弹为夹沙红陶土制成,呈黄红色,通高14厘米,上部小口直径2厘米,最大腹径(带刺量)约20厘米。器口口唇突出并明显上收,器表布满蒺藜刺,分5层相错排列,每层7刺,共35刺(见图3)。其中12枚刺状完整,刺形比唐弹大,但比北宋釉弹小,显得较为尖锐。最底一层刺根,已与该弹底平面相接。出现时间应比第二种陶弹晚。值得注意的是,笔者在观察该弹时,发现红陶蒺藜弹空腹内存有两种发皱的薄纸,一红一白,迎光而看呈半透明,韧性较强,与历史博物馆所藏唐末五代版印陀罗尼经纸相似。据学者研究,该版印经纸是一种茧纸,系茧、桑皮、麻加檀木浆制成,故半透明而有韧性。与其近似的陶弹内薄纸,很可能是同类产品,如确系原弹之物,那么这

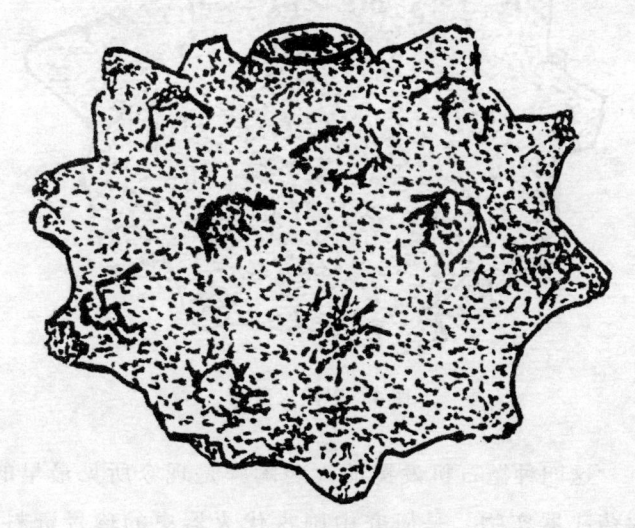

图3 辽红陶蒺藜弹

件辽弹的制成时间当不晚于北宋中期。弹纸似为包装火药或引燃火药用物。

第四种名"宋陶火蒺藜",中国历史博物馆藏品,也是夹沙红陶制成,但表面显得比红陶蒺藜弹细腻平光。该弹通高 10 厘米,上部小口直径 2 厘米,最大腹径(带刺量)约 16 厘米,器口唇也明显上收。器表植满蒺藜刺,但排列不甚规整,大致可分成 4 层,共 28 枚,其中 18 枚比较完整,其余残损较甚(见图 4)。最底一层刺径不但与器底的平面相接,而且很可能制作时已经侵入或超过了底平面,以至于成品的底面上呈现出一条条的刺棱,着地一面刺径已经磨出一个平台。

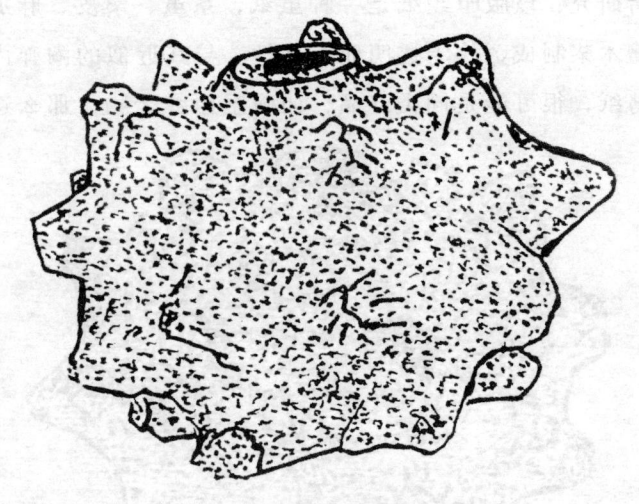

图 4　宋陶火蒺藜

这四种抛石机发掷的火药陶弹是现今所见最早的火药武器实物,是研究中国古代火器史的珍贵资料。更使人关注的是,这四种火药陶弹从器体形态、施釉情况、刺的外形和分布上恰恰构成一个从早期至晚期、由简到繁、越来越蒺藜化的演变系列，而溯其祖型，很可能导源于隋唐及此以前的半施釉陶罐。这种东西在南北朝时应用非常普遍。据研究，此时的水战广泛使用一种叫做"拍"的抛石机，这种"拍"除施放石弹外，还发射燃烧物攻击敌船。《陈书·侯瑱传》称其为"施拍纵火"，《南史·王琳传》则说投掷的是一种"火燧"。这就出现一个很有意思的问题：抛石机盛放被掷投物的弹窝，都是软质织物或软皮制成，直接放置火燧就会燃烧或被烤焦，造成抛弹过程的中断，无法打击敌人。为了防止这一情况的发生，必须将火燧放置在一种容器内，以隔阻其烧及弹窝；同时从抛火烧敌的直接目的看，又要求这种容器在发掷到敌方后不再阻止火燧烧燃敌物。显然只有易造而又易碎的陶罐（包括瓷罐），才能适合这种相互矛盾的要求。火燧置于陶罐中，阻绝了火对弹窝的破坏；而将其掷到敌方后，在抛力和重力的作用下，加上其本身的薄脆特征，自然会碎裂无疑，这样原置于其内的火燧自可任意烧燃了。

　　大约是在唐代，这种抛石机开始用陶罐装填火药。陶罐的燃烧速度、性能要比火燧强得多，军队作战时往往用它攻城。路振《九国志》卷二说，唐哀宗天祐初年（904年），一个叫郑璠的将领率军攻打豫章城（今江西省南昌市），"所部发机飞火，烧龙沙门"。"发机"即发射抛石机，"飞火"即火砲。中国历史博物馆所藏唐代火药陶弹当属此类。不过，它与装填火药的陶罐相比，在外观形态上有较大区别，器外壁上植有蒺刺。它的出现预示着陶弹的开始和从燃烧弹向火药爆炸弹的过渡。一般说，当陶弹作为燃烧性火器使用时，其器壁越薄越好，抛出后一着地面或落在建筑物上即能摔得粉碎，有利于内置火种的散布与燃烧。但当其性能变为爆炸性火器后，情况就完全不同了，又薄又碎的陶片很难重创敌方人员。因此军器工匠们便在陶罐表面加上蒺藜刺，并且使其逐渐变大变粗。它改变了罐壁某些局部的厚度，至少增加几倍以上，并打破了原来罐壁承受压力均等的状况，使罐体形成以多个蒺刺为中心的承压力小区。这样，起爆后的陶弹就不再是一堆小碎片，而是一块块以蒺刺为主体的大弹片，大大提高了陶弹的杀伤能力，并兼具燃烧和杀伤两种功能。唐末和两宋盛行一时的火药蒺藜弹的全部奥秘可能就在此中。

另外，考古发掘资料也提供了一种罕见的北宋火砲形象。1982年江西省安义县长埠村出土一件铜质砲棋，为同出32枚铜棋之一。它直径4.8厘米，厚0.7厘米，重60克，比一般所见铜质象棋大，并厚重得多。棋正面阳文楷书"砲"字；背图为一圆球形物体，上部为燃烧的火团所覆盖，大致在其中部有2条平行的下凹纹，一明显，一不明显，似是两件等大半圆体对口扣合后产生的棱起，或系套结大小相同物体的环套（见图5）。同出32枚铜棋都装在一个木匣内，出土时匣上放置一枚北宋崇宁通宝钱。入埋时间应与宋徽宗崇宁年间（1102～1106年）相去不远，或许是靖康之变（1126年）中徽、钦二宗被掳人心惶惶时埋入地

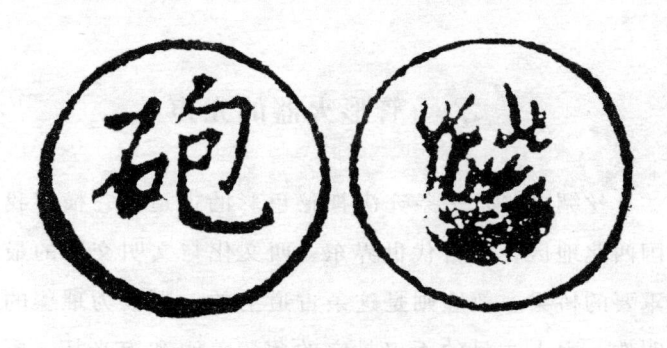

图5　安义北宋火砲铜棋拓片

下的。至于其铸制时间应当更早一点。从宋代铜棋正面文字皆与棋背图案对应的规律看，这个上部由火焰覆盖的球状体实际就是抛石机发掷的火砲砲弹。火焰是该火砲发射前点燃火药而从顶口喷出的，表现的是火砲即将被抛出一瞬间的发火状态。从其中部有凸棱纹的情况考察，当是一种铁火砲。何孟春《余冬序录摘抄》外篇卷五说，他曾在陕西西安城上见到一种金代铁火砲，即是两个半球体拼合，状若合碗；清康熙时期制造的铁质火药爆炸弹，也是用两个半圆体拼合，弹体中部即有凸棱形铸线。纸壳外涂傅药的一般火药弹，或前举陶火药弹，都不会产生这种凸棱环带。因此，北宋末期铁火砲即当存在，远远超过一般人所想象。值得玩味的是，安义这副铜棋造得很大，一般铜棋多在2.5厘米左右，它却达4.8厘米；棋背图案也不援用惯例作支架式抛石机，却使用了铁火砲的形状。可能是铁火砲威力巨大，声名显赫，故铸于大铜棋之上。这大概也是一种追时髦吧！

3 管形火器的先声

丝绸之路是一条充满神秘色彩的古道，它横穿我国西北地区，是古代世界东、西文化与文明交通的最重要的桥梁。敦煌则是这条古道上的一颗极为璀璨的明珠，引人注目的不仅是它的葡萄美酒和夜光杯，更包括它那使人赞叹叫绝的石窟艺术和价值连城的古文献宝藏。为了研究、了解这些珍贵的发现，20 世纪出现了一门显学——敦煌学。过去，由于学科的局限，火器史研究者极少涉足这一领域。不过，近年来的某些有关探索着实令人瞠目。

近年，澳大利亚学者克莱颂·布雷特，在法国巴黎基迈博物馆（Musée Guimet）发现一张我国敦煌出土的绢本着色佛画。画面表现的是佛祖释迦牟尼降服群魔的故事：释迦的图像最大，居于整幅画的中心，其结跏趺坐在一块有围栏的石头上，座下是一座山峰，两旁侍立女菩萨和护法天王，无数魔鬼麇聚在四周，个个龇牙咧嘴，面目狰狞，气势汹汹地向释迦袭来，其中有些魔头已经溃退，正狼狈翻滚而回。画面两侧，各画六尊立佛，表现的是佛陀十二姿相。下部绘的是神珠宝、马宝、主兵宝、金轮宝、玉女宝、白象宝和王藏宝。整幅画线条流畅，用笔恰当，极为生动传神。根据绘画的特点和风格，可以断定这幅画是五代至北宋的作品，约绘于公元 10 世纪中叶以后。布雷特惊奇地发现，就在画面右侧上方向释迦袭来的魔众中，有一个头顶生有 3 条毒蛇头的恶魔，赤身裸体，只在胯下束一犊鼻裈，它的双手竟持着一件形态与后世手持火铳颇为相似的喷火兵器。该器前部为一长条形筒状物。筒口长度约占筒身 1/4，形状外展；中腹约占 2/4，微微隆起；尾端约占 1/4，两侧旁展呈梯形。筒身有多道圆箍。筒后部安着一根细长柄。蛇头魔双腿分开，一手把住筒后端，一手握着细柄尾。筒前口喷出一长串条形烈火，整器与火焰处于同一水平面上（见图 6）。

图 6 敦煌佛画中的火枪

无须讳言，敦煌这幅古画的存在与发现，为探讨我国古代管形火药武器的起源提供了重要的形象材料。在过去的研究探讨中，学者依据的只是南宋或有关南宋、金、元之际的文献记载，缺少实际物像资料，这幅释迦降魔画则补充了这一缺环并把它向前推移了 100 多年。布雷特认为，蛇头魔手中所持火器显然是一支火枪。英国著名中国科技史学者李约瑟博士，在给中国历史博物馆研究员洪廷彦先生的信中,肯定了布雷特的这一发现,也认为其不容置疑是一支火枪,火焰正从枪管水平方向射出,好像受到低硝成分的火药助推一样。

原圣彼得堡亚洲博物馆藏有一部阿拉伯文抄本古兵书,作者系阿拉伯人 Scnems-eddin-Mohammed。该书为13世纪末14世纪初的作品,书中有一幅阿拉伯人使用管状火药武器的图画,这种管状火器的中文译名叫"马达法"。该器的外观形态与敦煌降魔画中的火器非常相似,皆是前为筒状后作细柄。二者的区别是:马达法没有发射,故前口有圆球;降魔画火器已经施放,所以前口射出的是火焰。我国元代的管形金属火筒的外观形态,与降魔画火器的前部筒形器也极其相似,都是展口、微凸腹、尾呈梯形。使人惊异的是,在我国古代的一些宗教著作中,确实存在着神魔手持火枪的明文记载。如《法海遗珠》说,天蓬真像为四头八臂,每只手臂都拿着一件兵器,其中一手所持即是"火枪"。这位天蓬在《西游记》中因调戏仙女,被贬逐人间取经,就是赫赫有名的猪八戒。显然,在当时宗教意识中,神魔之类的人物与火枪确有某种联系。以此理解敦煌降魔画中的火器,称其为火枪并不为过。当然,说它是像南宋陈规火枪,还是像寿春突火枪,因其已经发射,弹体无从寻找,我们这里就不需理论了。但至少可以说,从外部造型看它是中国古代管形火药武器的前身。至于它为什么出现在古丝绸之路的要冲地区,那就是一个更加引人入胜的谜了。

二 古文献记载的火药战具

除了前边所说的一些文物资料外，人们对于宋、辽、金时期火药武器的了解，主要是依据有关文献的记载。其中著录最多的都是一些抛石机以及弓弩施放的燃烧、爆炸性火器。它们是在火药制造技术有所发展的基础上形成的，是中国古代火药武器的初级产品。

1. 《武经总要》诸火器

宋王朝建立以后，火药及其有关火器的制造，在品种、质量、性能与生产规模上都有不同程度的提高，并纳入朝廷管理的兵器制作系统。宋初，政府设立三司胄案，管理全国的军器、装备。后统治者又根据实际需要废案置军器监，总管内外军器之政，设监、判和同判官各一员，下属有丞、主簿、勾当公事等等。中央最大的军器制作部门——东、西作坊以及各州生产军器的都作院，都由其统筹管理。这期间，为提高兵器的制造技术，增加品种，朝廷特别发布命令，让"天下有知军器利害者"，到有关部门陈述自己的意见。

如果吏民所献军器样式经考核认为实用便利,就制作出统一的法式,作为样品送各地都作院大量制造。这不仅促进了冷兵器的发展,也刺激了火药武器的研制。《宋史·兵十一》记载,开宝三年(970年)五月,兵部令史冯继升进献火箭法,受到衣物束帛的嘉奖。咸平三年(1000年)八月,神卫水军队长唐福献所制火箭、火毬、火蒺藜,朝廷赐给缗钱。从唐福为水军将领这一点看,他所献的火器很可能是在水战中使用的。咸平五年(1002年)九月,冀州(今河北省冀县)团练使石普将自制的火箭和火球进献朝廷,宋神宗亲自观摩了他的表演。这时期,作为火器制造主要原料的火药,在制作水平上也有相应提高,官办组织中出现专门生产火药的作坊。《宋会要·职官三十七》载,军器监有21个制造攻城器械的作坊,其中火药作、青窑作是专门制火药的;宋次道《东京记》则载,广备攻城作有10个生产项目,火药青窑是其一。显然,火药的专业化生产已经出现,为火器的进一步发展奠定了重要基础。

有宋一代军事斗争十分激烈,军器需求量很大。宋统治者为巩固疆域,总结军事经验,开始编撰一些军事专著。宋仁宗在宝元三年(1040年)敕命天章阁待制曾公亮、尚书工部侍郎丁度等人,着手编写《武经总要》一书,历经4年书成。该书共40卷,卷前有仁宗皇帝在庆历四年(1044年)所写的御制序文,书分前、后两集。该书内容广博,不但收此前历代战例、军事思想、军制等等,还用较多篇幅记载了各种兵器、军械，其中包括一定数量的火药武器和一些相关的火药配制方法，是研究中国古代火药、火器的珍贵资料。

书中详列了三种火药的配制原料，曾公亮等人称其为"火药法"。第一种是毒药烟球的火药法，共用 13 种原料，分别是硫磺 15 两（当时 16 两为 1 斤）、焰硝 1 斤 14 两、草乌头 5 两、巴豆 5 两、狼毒 5 两、桐油 2.5 两、小油 2.5 两、木炭末 5 两、沥青 2.5 两、砒霜 2 两、黄蜡 1 两、竹茹 1 两 1 分、麻茹 1 两 1 分。这种烟球用抛石机施放，主要用来守城。其配制原料可以分为火药、毒药两类。硫磺、焰硝、木炭末属第一类，其余则大体属于毒物。草乌头是一种毛茛科植物的球根，味辛温，有大毒，古人常常榨取它的汁液晒制为毒药，涂在弓箭上射杀鸟兽。巴豆是中药中的一种大泻药，性热、味苦，中医家称其为药中勇猛武夫。砒霜是从矿物质中提炼出的一种剧毒药物，在古代常用来毒杀人畜。宋代信州（今江西省上饶县）有砒井，人们在炼取砒霜时，下风所近草木皆死。狼毒、沥青、桐油等也有一定毒性，特别是燃烧后能产生极为强烈的毒烟。小油、黄蜡、竹茹、麻茹等是助燃物。上述各药备齐，经捣合制成球状，球中贯一条长 1 丈 2 尺、重半斤的麻绳。然后，再将故纸 12 两、麻皮 10 两、沥青 2.5 两、黄蠟 2.5 两、黄丹 1 两 1 分、炭末 8 两捣和成泥，涂傅在球体外部。制成品即所谓毒药烟球（见图 7）。这种烟球能产生大量的毒烟，如果有人不慎吸入，就会口鼻出血，丧失战斗能力。在这种烟球中，火药的主要作用是带动毒物迅速燃烧。如除去外傅药,该烟球总药重75两多。其中焰硝30两,占总重近40%;硫磺15两,占总重近20%;作为火药还原剂的木炭末是5两,所占比率为6%强。该法虽然是专门生产毒药烟球的配方,但火药的主要成分齐全,爆炸是完全可能的。爆炸对毒烟的迅速扩散极为有利。

图 7　毒药烟球

第二种是火砲火药法,有人称其为火球火药方。其实,在《武经总要》中,该火药法是写在"火砲"一节文字后,故学界皆把它作为火砲的药法,本文从之。这个火药法共用14种原材料配制而成,分别是晋州硫磺14两、窝黄7两、焰硝2斤8两、麻茹1两、干漆1两、砒黄1两、定粉1两、竹茹1两、黄丹1两、黄蜡0.5两、清油1分、桐油0.5两、松脂14两、浓油1分。晋州是个地名，政和六年（1116年）升格并改称为平阳府（今山西省临汾市），是宋代著名的硫磺产地。窝黄无考，估计是一种矿物质。砒黄是未经提炼的砒。定粉即铅粉，用铅制成。黄丹，又名铅华、铅丹，也是一种铅制品。清油为胡麻油，也有的说是香油。松脂即松香。浓油无考。

制法是：捣碎硫磺、窝黄、焰硝，用罗筛过，然后与砒黄、定粉、黄丹放在一起研和；将干漆捣为末，把竹茹、麻茹经微火炒碎；熬黄蜡、松脂、清油、浓油为膏状，放入前列各药中和匀。诸药外裹以5层纸衣，用麻绳绑缚固定，最外傅上一层熔化的松脂。成品总药量为82两2分，其中焰硝40两，占总重48%强，几近一半；硫磺14两，占总重17%；缺少火药还原剂木炭。因此，估计这种成品的性能主要是燃烧，其火药法也应是一种专门性配方。

第三种是蒺藜火球火药法。前边谈到的唐福向朝廷进献的火蒺藜，有可能就是这种东西。该法共使用10种药物：硫磺1斤4两、焰硝2斤8两、粗炭末5两、沥青2.5两、干漆2.5两、竹茹1两1分、麻茹1两1分、桐油2.5两、小油2.5两、蜡2.5两。这些药物在前述两种火药法中已经见到。制法是：把硫磺、焰硝、粗炭末、沥青、干漆捣为末，剪碎竹茹、麻茹，再用桐油、小油、蜡熔成的汁与上述诸药调和。药调好后，团在三枝六首铁刃上制成一个球体，中贯一根1

丈2尺长的麻绳。球体用纸、麻、黄丹、炭末包傅起来，外涂沥青、黄蜡汁。最后，在球体上嵌入有倒刺的铁蒺藜8枚。（见图8）这种蒺藜弹在外观上与陶蒺藜弹有相似之处，并且也是用抛石机发射的，但制作工序、弹体材料比陶弹复杂得多。从其体表铁蒺藜有倒刺看，它极为适合水战。弹体击中敌方船只，铁蒺藜刺便钉入船木或帆篷，倒刺增加了它的固着程度。当它爆炸后，铁蒺藜既可迸出杀伤敌人，又可带着燃烧的球体残片四处放火，威力远较上述两种强大。该火药法总药量为79两7分。其中硫磺20两，占总药量的25%强；焰硝40两，占50%强；粗炭末5两，占6%强；其他物质所占比例不足19%。这种火药法是《武经总要》中纯火药量比例最高的。

图8 蒺藜火球

在《武经总要》一书中，还记载了其他一些火药武器，只是缺少火药法的详细记录，现介绍如下。

烟球。内装火药3斤，以黄蒿约1斤将其包裹起来，然后再涂附上一层厚厚的易燃物。使用时以烧红的铁锥将厚层烙透，引燃烟球，用抛石机发射到敌方。黄蒿是一种蒿科植物，燃烧时可以产生大量的烟，至今一些山区农村还用它制成火绳，点燃熏蚊子。从该火球内置火药的情况看，燃烧的球体被抛出后，外壳与黄蒿会施放浓烟；当燃及黄蒿里边的火药后，很可能会发生爆炸，把生烟的球体残块抛向四周，形成较大面积的烟区，其目的是遮蔽敌军的视线。这些烟球原料简单，易得易造，可以大批量制作。

铁嘴火鹞与竹火鹞。两者造型有相似之处，功用则完全相同。前者用木质材料做出鹞身，头部即上端安一铁嘴，尾部用带杆的草束制成，火药即装入草尾内。估计其木身内应装一些重物，以便抛投时掌握方向；铁嘴似无特殊用途，只是平时储藏以作挂钩。竹鹞是用竹条编制，外形为大腹、狭口、修长的竹笼子。笼身糊纸数层，刷以黄颜色。笼内装火药1斤，为了增重还填入一定数量的小卵石块。再用3~5斤带杆的草束制出鹞尾。两者的工作原理相同。先引燃尾部杆草，然后用抛石机掷出，鹞体内的增重物使其在运行中头部朝前。到达目标后，杆草带动火药及鹞体燃烧，如果火药爆炸则会扩增火种分布范围。这两种火器主要是用于焚燔敌方积聚的物资及惊扰破坏敌军进攻队形，它们常常与火药球共同发射。

霹雳火球。是一种爆炸性火器。用竹管、薄瓷片、火药制成。取一根2~3节长、径1.5寸的干竹管，要求竹管没有任何裂口，竹节也不要打通。再以火药3~4斤，拌和30片铁钱大小的薄瓷片，裹在干竹管上成球状,竹管两端各留 1 寸多长。尔后,如制造其他火药球一样,用各种傅药包封好球体。(见图 9)这种火器可以在守城时使用。如果敌人于城外穿挖地道攻城,守军则可在相应位置掘一竖穴以迎候敌人。敌方人员出现后,即可施用霹雳火球。施用球者口含甘草,用火锥烙燃球体,投向地道中的敌人。该火球会发生爆炸,产生如霹雳一般的声响,球内的瓷片迸射而出。同时,守军还可扇动竹扇,以碎弹体产生的烟焰熏灼进入地道的敌方人员。两宋战争中经常使用的霹雳砲可能就是这类东西。

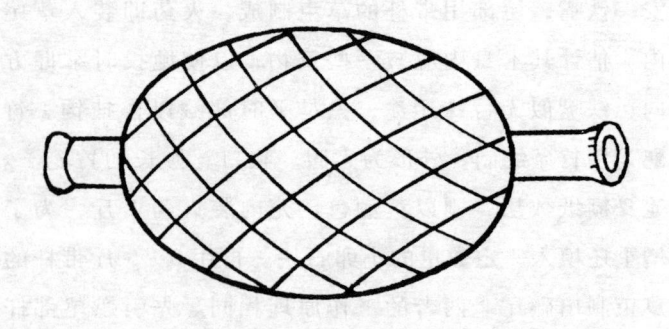

图 9 霹雳火球

火药箭。这是北宋时期的一种重要火药武器,用来焚烧敌方粮草或建筑,在《武经总要》中简称为火箭。此箭出现的时间很早。宋夏少曾《朝野佥言》载,东京汴梁陷落,北宋权贵为讨好金主,献出宫内各种珍异,其中有"太祖平唐火箭二万支"。这种火箭即如《武经总要》所载火箭一样,是火药箭的简称。如是一般的箭,对用弓马横行天下的女真人来说，算不上什么珍异。宋石茂良《避戎夜话》也说，靖康之变守汴宋军用物有常箭、火箭，火箭像火药球一样，需用火盆烧红铁锥点燃。可见，北宋火箭即是火药箭。《武经总要》载当时的火箭有两种。一种是短兵相接时使用，外形如制式桦皮羽箭，箭镞后的杆上穿有一个 5 两重的火药包，包为球状，使用时先点燃火药包，然后再发射。第二种火箭外形与第一种大体相同，但镞后所附火药包的轻重、大小则有很大区别，而且既能用弓也可用弩发射。用弓者称弓火药箭，用弩者称弩火药箭，火药的用量可随弓弩的强弱而增减。我国古代弓弩制造业非常发达，特别是弩的发射威力极大。《三国志·杜袭传》中有千钧之弩，《宋书·武帝纪》中有万钧神弩。北朝出现一种床弩（又称车弩），用牛拉放。北宋床弩更加发达，有所谓八牛弩，即用 100 人拉放的床弩。这种弩发出的箭很大，有的像盖房的木椽子一般，攻城时可射入城墙中，士卒攀缘而上，其威力绝不亚于一般抛石机。用它来发射火药箭，可以运载一些特大号的火药包。北宋时期，火药箭的使用量很大。《续资治通鉴长编》卷三百四十三载，神宗部署北方边防，从开封运去一批兵器，其中有火药弓箭 20000 只、火药火砲箭 2000 只。在宋代战争中，火药箭也是一种战斗利器。宋宁宗开禧二年（1206 年）十一月，金兵围襄阳（今湖北省襄樊市），宋守将赵淳备办大量火药箭和砲石战具。十二月金人大举攻城，赵淳命令向金人兵马周围的竹、草、树木以及抛石机的木架发射火药箭，一时间敌阵内烈焰四起，金兵大乱。宋军弓弩砲石俱发，金兵死伤无数，最后不得不弃围遁去。襄阳守卫战胜利的原因是多种的，但巧妙地利用火药箭烧杀敌军则是成功的要素之一。

火药鞭箭。由竹杆、鞭箭及绳索等组成。鞭箭上施有火药。竹杆用新青竹制成，长1丈，径1寸，杆下部施铁索，梢上系丝绳6尺。鞭箭为劲竹削成，长6尺，有镞，箭中部施一竹臬（音niè）。（见图10）放箭时，用杆梢丝绳挂住鞭箭上的竹臬（也称鞭子），把鞭箭附于杆侧，一人摇动竹杆为势，另一人持鞭箭箭尾，二人相互配合，利用竹杆弯曲产生的弹力，将鞭箭发射出去。这种箭可以射人，也可以利用火药的燃烧焚毁敌方积聚物资。

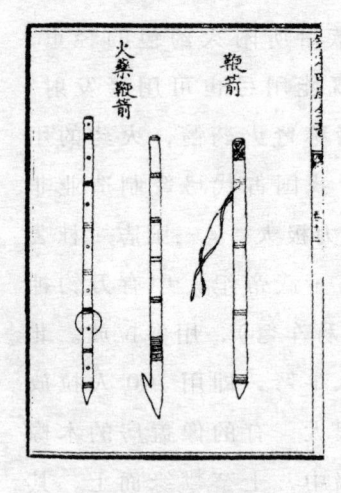

图10　火药鞭箭

宋辽金火砲种种

"火砲"一名，在有关宋、辽、金史迹的文献中经常提到，可以分为爆炸、燃烧两种。《宋史·士㬎传》记载，北宋末年靖康之变中，宋大臣士㬎率军守城，金兵团团包围，准备各种战具攻打。士㬎激励将士死守,同时"飞火砲碎其攻具"。显然这是能够炸碎敌物的火砲。燃烧性火砲使用最多,宋靖康元年(1126年)金军围开封城进攻宣化门时曾大量发射,史书称"火砲如雨"。在相当一些战役中,火砲的使用往往是取得胜利的关键。金正隆五年(1160年),海陵率军南下,派遣郑家、苏保衡带领舟师从海上进攻南宋首都临安(今浙江省杭州市)。舟师在海面上遇到暴风,被迫在松林岛停泊。宋将李宝闻讯赶来,乘金军没有防备,便命令部下用火砲猛烈攻击金军船只,使大部分敌船起火。金将郑家看到左右舟船全都着火,败势已定,便投水自杀,金舟师全军覆没。正是由于火砲在战争中的作用较为突出,所以交战各方的军队普遍装备了这种战具。

到了南宋末年,火砲的种类不断增加,其爆炸力量也有了空前的增强。宋端宗景炎元年(1276年),蒙古军相继占领南方各省,最后推进到静江(今广西壮族自治区桂林市)。宋将娄钤辖率军抵抗。蒙古军先攻下外城,娄钤辖与其残部250人只好退守内城,誓不归降。但时日渐久,宋军粮草断绝,体力难支。于是,娄钤辖出来喊话,表示愿意投诚。他说:我有投降之意,可士兵太饥饿,不能走出来,希望你们赐给食物,食后一定听命。蒙古军表示同意,派人将几头牛和一些米送到城下,便登高观察宋军动静。只见宋兵取回米,不待炊煮烧熟,即夹生吃掉;送去的牛也被乱刀活脔,啖食立尽。吃完后,宋军鸣角击鼓,召集兵士。蒙古军诸将以为宋军要出战,即命甲士持械以待。不料,娄铃辖将部属集齐后,并未攻击蒙古军,而是命所部众人拥一火砲燃之。只听一声雷霆般的巨响,城墙崩坍,烟气涨飞天外,娄铃辖及其部众也"灰烬无遗",全都被炸飞了。城下的蒙古军士卒亦"多惊死者"。一枚火砲即可炸飞200余名宋兵,震坍城墙,甚至受冲击波和爆炸声影响的蒙古兵也有被惊死者,足见其爆炸威力之巨大。即使拿到现在来说,这也应该是一种破坏力极强的巨型炸弹。

不仅如此,北宋末年出现的铁质火药爆炸弹,在这一时期也有了长足的发展和进步,其杀伤效果明显增强。不仅宋军使用,金军也拥有这种火药武器。它是用生铁铸成外壳,形如罐子等不同样式,内装火药,并留有安放引火线的小孔。点燃后,火药在密闭的铁壳内燃烧,产生高压气体,使铁壳爆炸伤人。所以在古文献中都把它称作"铁火砲"。据《辛巳泣蕲录》记载,宋嘉定十四年(1221年)金军使用的铁火砲外形像葫芦,生铁铸成,壳厚2寸,小口。此砲的杀伤性能良好。金军攻蕲州(今湖北省蕲春县)时,曾一砲炸毁城上的抛石机,一宋军砲手头面被炸碎,其他拽砲者亦有6~7人受伤。此战中,用铁火砲伤人最多。金军还把它作为摧毁敌方指挥部的利器。蕲州之战中,该州知府和赵与褣是宋军的主要指挥者,金军对准二人的军帐猛烈轰击,两帐前后左右中铁火砲甚多,有的砲甚至打在卧床上,使二人几乎殒命。赵氏推测,此处可能有奸细在指挥金军施放铁火砲。如这一推测无误，那么当时应该有一套娴熟的办法来控制、调整铁火砲的射击距离和角度。此后不久，金人又研制出一种威力更大的罐形铁火砲。

金哀宗天兴元年（1232年），金军在与蒙古军的作战中失利，蒙古军进逼开封（今河南省开封市）城时，金守军曾向蒙古兵抛投铁火砲。这种铁火砲亦称震天雷，是以铁罐子作外壳，内置火药，砲起火发，其声如雷，百里之外都可以听到它的声响，弹着点的爆炸面积达半亩以上，碎弹片可以穿透铁甲（见图11）。

金人刘祁亲眼目睹了铁火砲震天雷的威力，称一砲发出即有"数人灰死"。对此，蒙古兵十分畏惧。于是，他们便采取打洞法攻城，用一种厚厚的生牛皮作保护在城下掘地道，洞中开一个小龛以容纳士兵。金军中有人献策，以铁绳悬挂铁火砲震天雷，砲上安长引火线，将砲从城上吊下，至蒙古兵掘城处点燃引线，使震天雷爆炸。结果洞中蒙古兵与厚牛皮皆崩碎无遗。蒙古军无可奈何，只好退兵。

图11 震天雷

在战斗中，由于铁火砲爆炸能造成突然性的杀伤，使人猝不及防，所以这种火器往往产生扭转败局的特殊功效。金哀宗正大八年（1231年），蒙古军将领拖雷率3万铁骑进攻河中府（今山西省永济县）金人，守军力竭，城破。一个叫板讹可的金将带领3000人夺船而逃，蒙古军沿河追杀，同时派一条大战船横截在逃兵前面。板讹可苦战，不得解脱。恰巧，金逃兵中有人携带着铁火砲震天雷，于是便用震天雷猛轰前边横堵的大船。船上蒙古兵突遭打击无法躲藏，几乎全被击毙，所剩几人完全失去战斗力。金兵冲上大船，用战斧劈碎该船，顺利逃入潼关（今陕西省潼关县北）。历史上的这些记载，说明铁火砲已具有很大的杀伤作用，火药的性能已有显著的提高，火器已从纵火器材发展到直接杀伤、破坏的兵器。这是火器发生飞跃的重要标志。

从文献记载可知，这一时期宋人制造铁火砲的规模最大，数量最多。南宋宝祐五年（1257年），李伯曾给朝廷的条陈中说：荆淮（今湖北、江苏部分地区）宋军过去曾储备大批火攻战具，其中仅铁火砲就达十数万只；他在荆州（今湖北省江陵市）时，该地火器作坊一个月可制造铁火砲1000~2000只，拨付给襄郢（今湖北省境内）即有10000~20000只。《景定建康志》卷三十九载，建康（今江苏省南京市）在开庆元年（1259年）四月至景定二年（1261年）七月间，创制火器38359件，绝大部分都是铁火砲；其中10斤重铁砲壳10只，7斤重铁砲壳8只，6斤重铁砲壳100只，5斤重铁砲壳13104只，3斤重铁砲壳竟达22044只，共35266件，占火器制造总数的90%以上。可见，南宋末期宋军的火器是以铁火砲为主的，铁火砲是当时最主要的作战武器。

除了铁火砲外,在特殊情况下还有用其他金属造砲的事情。《金史·郭蝦蟆传》记载:宋理宗端平三年(1236年),蒙古人灭亡金朝,金残部郭蝦蟆等人退守金、兰、定、会四州。蒙古军将郭氏围于会州(今甘肃省会宁县西北),郭部弹尽粮绝,困兽犹斗,便集中州内金、银、铜、铁等各种金属材料"杂铸为砲",与敌最后决一死战。蒙古军在这种砲的打击下,竟毫无办法,迟迟不能拔其城池。此种砲也是用抛石机发射内装火药的金属弹体,属铁火砲一类。

在有关文献中,还记载了一些其他质地的砲。李纲《靖康传信录》卷二载:靖康元年(1126年)二月,宋军在开封抗击金兵时,守将蔡楙不许将士擅自用砲和床弩,李纲登城后改变了这种僵死的命令,允许将士临敌自便,如果击中敌人还要给予厚赏,从而调动起宋军的抗敌激情。当夜即有士兵施放霹雳砲,使金军一片混乱,人马自相践踏。这种砲似与前述《武经总要》中的霹雳火球有近似之处。绍兴三十一年(1161年),金海陵出兵长江北岸,劫掠民船,预谋渡江攻宋。宋军探得消息,便派船在七宝山后设下埋伏。金人船队出现后,宋舟师将其拦腰截断,并发射霹雳砲击敌。据记载,这种霹雳砲与霹雳火球不尽相同,它是用纸做成外壳,内中除装置火药外,还装有大量石灰等物质,砲自空而下,落入水中后又自动跳出,并发生爆炸,发出如雷一样的声音,内中石灰随之进出,四散而成为一片烟雾,迷伤敌军人马眼目,造成其暂时性的视力障碍。宋舟师大船则乘机驰出撞压敌船,将其人马掀入水中,金军大败。

又有一种灰砲,因其弹体外形如瓶,故又称作灰瓶。《三朝北盟会编》卷一百六十五载,绍兴四年(1134年),金人攻打濠州(今安徽省凤阳县东),宋军曾向金军抛掷灰瓶,灰瓶是当时守城的一种重要武器。《老学庵笔记》载,绍兴五年(1135年),岳飞受朝廷之命围剿农民军杨幺,水战中亦曾使用灰砲。这种砲用极脆的薄瓦罐做成,据说内置毒药、石灰以及铁蒺藜等,临阵时掷击敌船。研究者认为,这种灰砲内还应装置火药,否则很难发挥效力。此说很有道理。中国历史博物馆藏有一件外形似瓶的灰青釉火药投弹,器体外部遍施色釉,体长13.1厘米,最大径8.1厘米,呈收口尖底瓶状(见图12)。瓶口稍残,圆形,中部有一小孔,孔径0.8厘米,口壁厚约1.2厘米,腹壁厚0.7厘米左右。器体不能正立摆放,外表形态

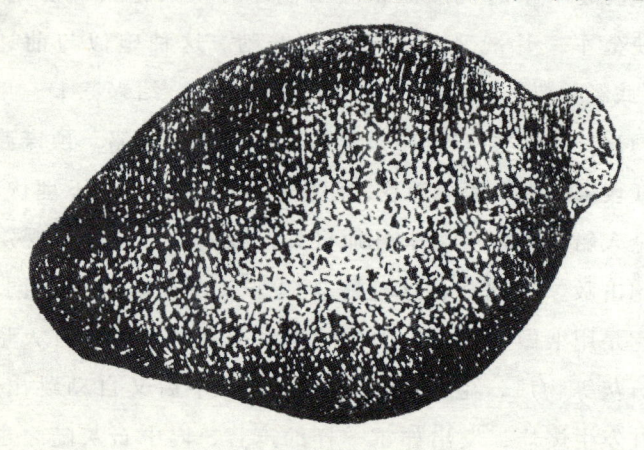

图12 灰青釉火药投弹

很像是前述灰瓶，但与岳飞所用灰砲有别，因其口甚小，很难装入铁蒺藜一类东西。该弹腹内现存一硬物，晃动时可以听到其与内壁碰击的声音，从其无法从瓶口倒出的情况看，硬物体积应超过孔径，很可能是原弹体内的填装物因年代久远凝结而成。这个釉弹是填充火药的，小口仅容一般人的小指端伸入，符合古代爆炸物容易密封的要求，但又能安置引火线事先点火。估计它是这样装置的：先从小口装填火药和石灰等物，然后插入一根细竹管，管内置一引火线直通瓶内火药，再将竹管与小口间的缝隙塞严。施用时有两种投掷办法，一是用抛石机，一是由人直接抡臂投出。因其弹体较小，一只手便可抓牢扔出。当然都需要事先点燃引线。该弹爆炸后虽有一定杀伤效果，但主要的作用应是散布灰烟、毒药。

还有一种金汁火砲。靖康之变时（1126 年），北宋首都开封陷落，投降的权贵曾向金人献出一种"金汁火砲样"。对于这种火砲，文献中有两种记载。李筌《神机太白阴经》卷四说，这种砲是把金属熔化成液体，泼洒攻城者，用高温的金属汁致敌于非命。不过，另一种资料则说，该砲使用了火药。洪迈《容斋五笔》卷六称，建炎四年（1130 年）正月，金完颜娄室攻陕州（今河南省陕县），宋将李彦仙率军拼死抵抗。面对鹅车、天桥、火车、冲车等大型战具的猛烈攻击，宋军发抛金汁砲，火药所及，金兵"糜烂无遗"。很显然，南宋初的金汁砲是一种使用火药的砲。估计，这里的金汁砲应是指金属熔液浇铸出的金属砲壳，火药置其内，似属铁火砲一类的爆炸性火器。

南宋军队在作战时，还使用一种纸质爆炸弹，主要用于守城，因其形似西瓜，俗称西瓜砲，又称皮砲。这种砲的外壳用20层纸贴裹而成，最外层再包两层麻布。弹壳内装填大量火药；同时置入小个的铁蒺藜，数量在100～200枚之间；还可以装入带毛钩的火老鼠50～60只。火药的引火线安在砲的顶部，线由4根引信组成，分别插入弹体，4根引信首端拧结在一起作总线。燃放时，点着总线，燃及辅线，导致弹体爆炸（见图13）。砲炸裂后，铁蒺藜、火老鼠迸射而出，有很强的杀伤作用；即使没有伤到人，四散的铁蒺藜、火老鼠也可以成为阻障敌方人马的刺物。

宋、辽、金时期，以砲命名的火药武器还很多，如草砲、信砲、火石砲、烟砲等等。在这段时间内亦出现了可以大批量制造火药武器的工厂，以至于出现了因意外事故而导致大量火药爆炸的"砲祸"。南宋周密《癸辛杂识》载：南宋末宋政权的一个库厂，因焙制火药发生火灾，烈焰烧至库房，库内火枪奋起，迅如惊蛇，所存诸砲也

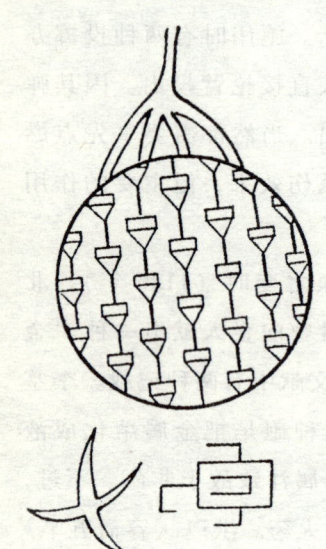

图13 西瓜砲

相继猛烈爆炸，声如山崩海啸。守军士卒百人皆糜碎无迹，全部被炸死。库房建筑木料或被炸成寸断之物，或被爆炸产生的砲风扇出十余里，百里之外的屋瓦也被震落。厂房平地都成了大坑，深及一丈余。四邻居民200余家，悉罹奇祸。丞相赵葵在库房近处建有一所虎屋，内养四只猛虎，也全数被毙。这处火药库厂的规模绝不会小。

3 竹纸制管形火器

南宋时期战乱不断，在激烈的军事斗争中，战场上相继出现一些罕见的火器，为战斗的胜利奠定了基础。这些火器有的前代已见，或没有流传下来，或文献失载，或流传不广，或为新的发明创造。陈规火枪、金人飞火枪、寿春府突火枪即属此类武器。

陈规，字元则，密州安丘（今山东省诸城）人，以明法科入仕，南宋军事家，长竹杆火枪的发明者。他曾读夏少曾所写记述靖康之变的《朝野佥言》，对当时大臣、将帅的无能、失策痛心疾首，为此专门写了一篇《靖康朝野佥言后序》，条列种种杀敌应变之术。建炎元年（1127年）知德安（治今湖北省安陆县）府，继擢德安等地镇抚使、沿江安抚使等职。在德安任职期间，屡屡击败前来进犯的金兵和乱军。八年之中，中原郡县皆失守陷落，惟德安一城独存。绍兴二年（1132年）六月，一股乱军围攻德安城，陈规闭门坚守，多次打退攻敌。为此叛军招募工匠，建造了一座大型攻城器械——天桥。该桥底盘阔6丈，高3丈5尺，桥面阔2丈，四周由巨柱支撑，用牛皮、厚毡做围护，以御矢石。桥分3层，士兵可以由此登城或攻击城上守军。此桥对德安城形成极大威胁。针对这一情况，陈规准备了2丈5尺长的大托杆、发巨石的抛石机、300头火牛等等，最值得注意的是他研制了20余条火枪。这种火枪用长竹杆为筒，内装相当数量的火药，使用时两人共持一条，临阵点燃，喷射火焰，专门用来焚毁敌人的攻城器械"天桥"。八月四日，乱军将天桥推到德安城下，一场激烈的攻守战就此展开。战斗进行得非常艰苦。陈规一面积极组织军队在城上守御，一面派人主动出城反击。反击的主要力量是一支由60人组成的火枪队，队伍从城西门出城，直扑天桥。在火牛的协助下，火枪队士兵引燃枪内火药，向天桥喷火，很快将天桥烧毁。这是已知文献记载中最早的管形喷射火器，它能使点燃的火药定向集中喷射火焰。这种技术以后又有了发展。陈规火枪是实战中产生的一种火药武器，任何人在攻守战斗中，只要一枪在手，即可施用。因此，它很快作为一种经常使用的火器装备于军队。

《可斋续稿后集》卷五记载：李曾伯在宝祐五年（1257年）视察静江（今广西桂林）军备，发现该地区只有火枪105筒，与正常情况下火枪的需要量相去甚远；而且这种火器缺陷也较明显，一旦火药喷完，长竹杆就不再是有效的战斗武器。因此，后来研制出一种既可喷火又可格斗的梨花枪。该枪火药喷发时宛如梨花盛开，因此得名梨花枪。据说，宋人李全经常使用梨花枪，以此称雄山东，世有所谓"二十年梨花枪天下无敌手"之说。这种枪点燃后，药焰可喷出数丈，人着其药即死，药筒火尽，因枪首有矛头，仍可以刺敌。宋端宗景炎元年（1276年），蒙古兵进攻扬州（今江苏省扬州市），宋军与之交战，有两骑士手持火枪，直刺蒙将史弼。这种可以拼刺的火枪，应与梨花枪相去不远。直到明代，这种梨花枪仍在使用。其状为一长矛，矛头下枪杆侧安一铁筒，筒上有引火线，筒内装有毒的火药，泥土封住筒口。用时点燃火线，铁筒就会喷出有毒的药焰。（见图14）战斗中，枪手携带数个药筒，随发随换。

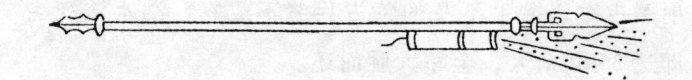

图14 梨花枪

13世纪末，火药和火器的制造技术经由阿拉伯西传欧洲。法国巴黎国家图书馆存有一种阿拉伯文抄本古书，叫《骑术与机械战志》，著者阿拉伯人哈桑约生于13世纪末。书中讲火枪是一铁管，内装火药，枪头叫契丹箭，火药点着后，火自枪头喷出。所谓契丹即是当时中国的名字，因这种火枪是从中国传去的，故以"契丹"命名之。

在南宋后期，金人的军队中也出现一种喷火的火枪，又称飞火枪。金哀宗天兴元年（1232年）至天兴三年间，金军与蒙古兵在汴京（今河南省开封市）、亳州（今安徽省亳州）守卫战中，曾两次使用此枪。这种枪枪筒长 2 尺多，用 16 层敕黄纸制成，筒内装柳炭、铁渣、瓷末、硫磺、砒霜一类的东西，用绳索绑缚在枪端。使用者腰悬内置火种的小铁罐，临阵引燃枪筒。该枪喷出的火焰有 1 丈多长，也有的文献说喷出的火焰有 10 余步。这种管形火器具有一定威力。《金史》称蒙古兵唯畏两物，飞火枪即其中之一。金人使用此枪，也有非常成功的战例。天兴二年（1233 年），金哀宗领忠孝军退守归德（今河南省商丘县南部），蒙古兵紧追不舍。忠孝军首领蒲察官奴决定夜袭追兵，带领 450 名士兵，秘密携火枪进入敌营。他先派小股人马从敌人背后进攻，然后带其士卒用火枪齐射蒙古军。措手不及的蒙古兵溃不成军，溺水淹死者即达 3500 余人，金军大胜而还。

南宋开庆元年（1259 年），寿春府（今安徽省寿县）创制出最早的管形射击火器，名为突火枪。该枪用巨竹为枪筒，筒内除装入火药外，还置入一种子窠（弹丸）。火药点燃后，枪口先喷出火焰，随之一声如砲的巨响，子窠射出，远闻 150 余步。（见图 15）这种

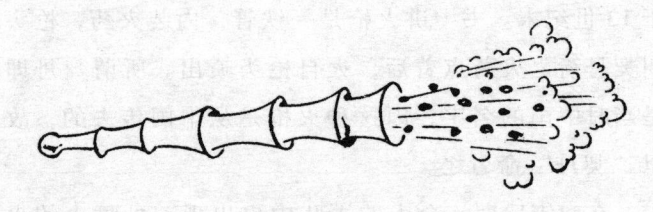

图 15　突火枪

突火枪与前列陈规火枪、金人飞火枪已有很大不同，不仅能够喷火，还以火药为动力发射出子窠。它已经具备后世管形射击火器的三大基本条件：第一是管状枪身，第二是以火药为推动力，第三是发射弹丸类物质。中外研究者一致认为，它是已知世界上记载明确的最早利用火药发射弹丸的管形射击火器，是人类第一次用化学能发射弹丸的成功尝试，为进一步发明金属管形射击火器解决了一个重大技术问题。由于这种火器较为进步，南宋军队采用也非常快。建康府（今江苏省南京市）自开庆元年四月始，2年3个月内新造突火筒333个，添修突火筒502个。所谓突火筒实际就是突火枪，皆因该枪是用巨竹制成筒形之故。突火枪的广泛使用，预示着中国火药武器开始跨入其第二个历史发展时期。

三 管形金属铳炮的新纪元

管形火器出现后,在军队中得到迅速推广。大概由于金属质地较为坚固耐用,因此人们便把铜作为铸制管形火器的最主要的原料。从现在所掌握的实物资料看,管形金属射击火器在我国北方地区应用较为普遍,出土实物也比较多。勇猛善战的蒙古军队对它的发展、传布贡献最大。

1 至顺铜炮的发现

1935年,北京西南郊白带山麓的云居古寺,住进一位书画家溥儒先生。该寺是我国北方地区的著名佛教寺院,始建于隋唐,辽、金、元、明各代均有修葺。寺院坐西朝东依山势落成,呈阶梯式逐步升高,5层院落6层殿宇,南北有2塔对峙,气势雄伟壮观。该寺还以收藏石经著称于世,自隋大业年间便开始雕凿入藏石刻经版,除唐代9个藏经洞储石经4192块以外,寺南辽金洞穴也埋藏石经版10082块。其中大藏经1122部、3572卷、1700余万字,堪称世界之最。溥儒先生来到该寺是为了编写《白带山志》,面对着宝刹、名藏、大好山河,他赞叹不已,游兴顿生,并很想让诸友人共同分享这一乐事。于是,他在这年春天邀集了几位朋友到云居寺观光览胜,不意却勾起一段中国古代火器史上颇值一书的古炮发现佳话。

在溥先生请来的朋友中,有一位来自北京城内的周肇祥先生,他是个书画家,同时也是一个很有鉴赏水平的文物爱好者。众人游玩到正堂佛殿时,周先生对殿中香案上的一件铜香炉产生了极大兴趣。一般说香炉无论大小,多是三足的圆鼎形或四足的方鼎形,或是方足的长盘形。而这件却颇为奇特,整体作一直筒状,无足,长身直立,大口朝上,与常见器皿造型差距很大;器表平素无纹,生满绿锈,不像其他香炉那样铸有或多或少或凸或凹的纹饰。于是,周先生便走近仔细端详此物,终于在该器身上发现"至顺三年"(1332年)等字样,原来这是一件元代军队所用青铜炮。周先生便向寺僧询问此物的来历,僧人也说不清楚,只说寺内一直把它当做插香火供奉佛祖的香炉使用。周先生觉得此物很有收藏价值,就送给寺僧一些布施,携其而归。也许是天公不泯珍物,所幸周肇祥先生眼力过人。5 年后的 1940 年,云居寺这座宝刹全部被日本侵略军的炮火焚毁。现今人们所见的殿堂和耳房,皆是 1985 年后经北京市和房山县政府共同集资修复的。如无周先生慧眼早识,世人大概与此炮就永无面缘了。新中国成立后,这件宝物由北京市文物管理部门收存,后调归中国历史博物馆收藏。经专家鉴定,一致认为它是我国现存有铭可证自身年代的最古老的火炮。

该铜炮整个形体呈粗筒状,表面有一层薄绿锈,像是在地下埋藏过很长一段时间,与一般传世铜器表面较为光洁不同,显得比较粗糙,内壁也是如此。整器可分为炮膛、药室、尾銎三部分。炮身口部侈敞,作碗口形;下部有一凸起的铸棱,似是加固侈口下部的圆箍;箍下膛身上即是3行阴刻铭文,19字,右起左行,为"至顺三年二月吉日,绥边讨寇军,第叁佰号,马山"。铭文下是一洞穿膛壁的圆孔,为铜炮安插发射药引信之处;孔周围是一片近圆形的黑黄锈区,很像是多次引信燃烧和炮膛内药焰喷出所致。估计这门炮曾经多次使用。膛身表面最下处是一凸起的铸棱,把膛筒与药室分开,但内膛则与药室相通。从前述引信孔在膛身下边而不在药室上的情况看,该炮装填发射火药时不但填满药室,同时装及前膛部位,这样膛身圆孔才好插入引信,引发火药燃烧。尾銎圆围后缩,上部显得比药室要细一点;内中空,有铜壁与药室隔开,下口外敞。銎侧有铸后留下的细铸线;左右两侧各有一径约2厘米的方孔,是置放炮体时加固所用。整个尾銎呈上窄下宽的梯形。该炮通长35.3厘米,炮口内径10.5厘米,炮膛与药室深约28厘米,尾銎底口径7.7厘米,重6.94公斤。(见图16)

对于该炮的使用方法,已有学者进行了专门研究。从表面看,至顺三年的炮是有銎尾的,似乎可以像手持铳枪一样安柄,以手把持发射。但其銎尾膛仅深约7

图 16　元至顺三年铜炮及铭文

厘米，还没有尾口径大，内壁又很粗糙，凹凸不平，很不利于纳柄，即使勉强插入，纳柄也会因浅而很不牢固，因此它不适应安柄使用。再者，该炮口径较大，达 10.5 厘米，内装火药量较多，加之自身重量，安柄后一人用双手端持发射，既难抽手点燃引信，又难瞄准，更无法承受巨大的后坐力，手持发射是不可能的。另外，銎尾径 7.7 厘米，安这样粗的木柄，用手把握也比较困难。所以，这件铜炮的使用方法与有柄手持铳枪的用法绝不相同，当是安装在木架或木凳座上发射的。木架的整体结构，可能像一个有四条腿的木凳。其面为厚方木，其上凿出一下凹的方形穴，长度可占炮身大半，宽深以纳入炮身为度。炮可上下移动，炮筒嵌装在穴内，炮口长出凳面一块。炮身不需要用箍固定，因为在銎尾两侧各有一约 2 厘米的方孔，两方孔的中心位置正好与炮身的轴线在同一平面上。这样，通过方孔在尾部穿一根铁栓，就可以使炮筒与木架连结在一起。此栓不仅能起连结作用，同时又可充当耳轴，作为炮身俯仰的基轴。古代用木架装置火器时，为使火器能够高低俯仰，在火器下部常常加垫木楔，

三　管形金属铳炮的新纪元

以抬高火器的射击角度,适合实战需要。明代著名军事家戚继光在《练兵实纪》中谈到过这种调整火器射角的方法。宋应星《天工开物》也说,垫木低昂,以分远近。至顺三年铜炮由于有銎尾铁栓为轴,完全可以利用这种方法调整上下射角。如要改变射击方向,移动木架就足够了。对于这件铜炮,学术界有两种称呼:一名为"炮",本文即使用此名;一称其为"铳"。古人对这一区别不甚注意,常常出现枪、筒、炮、铳不分的现象,明代最为显著。但从古代火器史角度看,现今学人是不宜这样混而述之的。《清会典》称,凡火器之小者曰铳。至顺三年炮口径大,利发炮石,故我们采用了"炮"一名。可以说,它就是现代管形金属火炮的始祖之一。从炮身铭文"第叁佰号"看,这时期管形铜炮已是成批地制造、装备军队了。

除这件实物外,河北省博物馆还收藏一件元代大口铜炮,1961年发现于张家口市。该炮身通长38.5厘米,炮口内径12厘米(见图17)。它突出的特点是炮口很大,几及膛内径的一半,很像个大头娃娃。除口

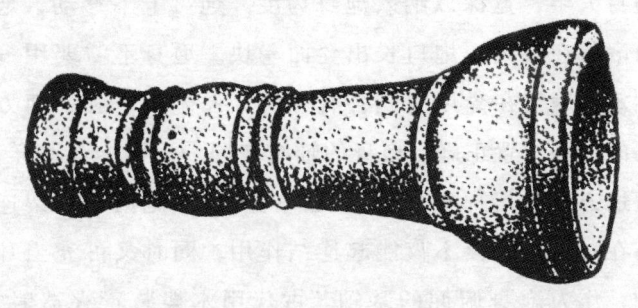

图17 张家口出土的元代铜炮

部、銎尾各有一圆箍外，器身还有 5 道固箍；引信孔也已移至炮室上。器表显得比至顺三年铜炮规整、光滑，是典型的碗口铜炮。其制铸时间明显晚于至顺炮，而接近于明初碗口炮，当是元代末期的产品。

与后世火炮相比，上述两件元代铜炮有一个较为明显的特征，即炮口侈出隆起如碗，尤以张家口出土铜炮为最，碗口径显著大于炮膛径。这种形状的铜炮实物在明代出土数量更多，学术界和有关文献习惯称其为碗口炮或碗口铳。许多人对这个碗口的作用感到迷惑不解。它为什么要突然变大呢？以现代火炮的构造原理根本无法解释这一问题。炮口突然变大不但不能增加射程，反而减短了炮膛长度，使膨胀的火药气体在膛口就已扩散，降低了它的推进力量，故碗口不但无用反而有害。出现这一疑问的主要原因，是对古代碗口火炮的发射药、弹丸填装及发射方式缺乏了解。古火炮与现代火炮的装填方法有很大差别，后者是在炮膛底部装入合体的弹药，弹头前边还有长长的一段炮筒，以赋予炮弹一定的方向和速度；元代以及明代碗口炮的发射药和弹丸则是分离的，装填方式更不相同，炮膛后部或药室后部完全封死，只能从前端炮口装入，一般是先填火药。由于当时人还不了解长炮筒可以增加射程，所以人们都以填入发射药药量的多少来决定射击距离。为保障或最大限度地保持射击距离，填入炮身内的火药量很大，甚至炮膛内也填满。至顺炮的引信孔之所以在炮膛上而不在药室上，就是这一原因。这样，压在火药上的炮弹只能塞在炮口部位。

三 管形金属铳炮的新纪元

另一原因是其发射弹体的质地所造成的。中国古代管形金属火炮是继抛石机之后出现的一种远射兵器，最初发射的都是一种圆形石弹。这种石弹尽管有较小者，但相对于枪铳的散弹来说则是大石弹；而且这种大石弹的表面很粗糙，根本不适合也无法装入炮膛深腹内滑膛发射，只好将弹丸置于炮口部位。为适合塞置这种大石弹，就得将炮口制成大碗口形，以便发射。这即是元代大碗口炮出现和形成的原因。

2 阿城西安两铳枪

1970年7月，在黑龙江省阿城县阿什河畔半拉城子的一处古遗址中，考古工作者发现一批铜器，其中有一件铜质铳枪。该铳上刻"×"形记号，通长34厘米，重3.55公斤，由前膛、药室和尾鉴3部分构成。前膛长17.5厘米，铳口内直径2.6厘米，口外沿铸固箍1道；药室外凸呈椭圆形，腹围21厘米，室后部有一小圆孔，是装置引火线的地方；尾鉴中空，近药室处较细，越往下越粗，呈梯形，口外敞。尾鉴安插上木柄可供手持，故有人称该铳为手持铳或手铳（见图18）。这件铳和以下将要提到的多件铜铳，管身都是细长，皆安柄手持使用，口径也较小，按后世枪炮分类，实际都是属于单兵用枪，故我们称其为铳枪。

1974年8月，陕西省西安市东关景龙池巷南口的建筑工地进行基础工程时，在一个用石板残砖砌成的长方形水池内，发现一批古建筑构件，其中杂有一件

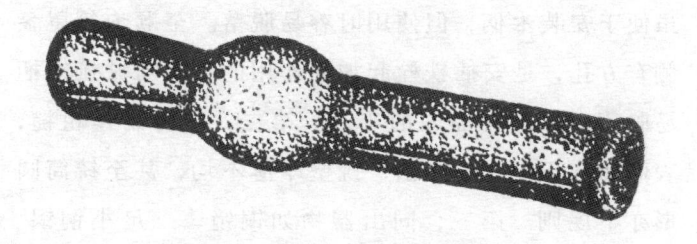

图 18　黑龙江阿城出土铜铳

青铜铸造的古铳。该铳通长 26.5 厘米，重 1.78 公斤，是现知古铳实物中最短的一件。与其他铜铳相同，铳体也是由前膛、药室、尾銎组成。前膛长 14 厘米，铳口内直径 2.3 厘米，口外沿有 1 道固箍；药室为椭圆形，室后部有圆形药捻孔，药室与前膛管相接部分有 3 道加固圆箍，室后部也有 1 道；尾銎底口稍大于里端，口外沿有一道圆箍（见图 19）。

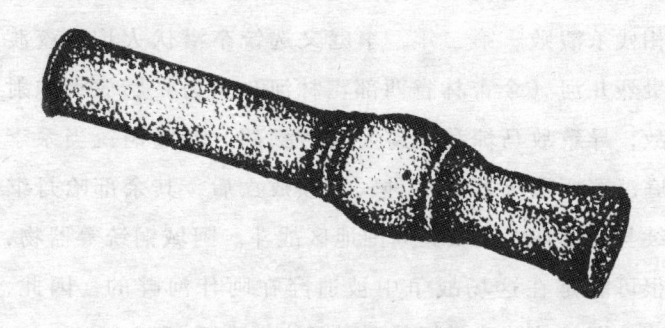

图 19　西安东关出土铜铳

由于这两件实物有明确的出土地点、层位和多件伴出物，因此引起学术界的极大关注，有关人员对其进行了专门的报导和研究。研究者认为，阿城铜铳有三个特点：第一，造型较为简单，銎口径大于銎底径，虽便于安装木柄，但使用时容易脱落。至顺炮等尾銎侧有方孔，是安插铁栓起加固作用的；而阿城铳纳柄易脱落，却没有加固的小孔。第二，冶铸制作粗糙，表面凹凸不平，不光洁，铳壁厚薄不均，甚至铳筒圆形亦不规则。第三，同出器物如铜镜、三足小铜锅、铜瓶嘴等的纹饰、形制具有明显的金元风格。这件铜铳可能是金元遗物，其形制原始，制作粗糙，铸造年代应在至顺铜炮之前。半拉城子位于阿城阿什河右岸，西距金上京会宁府遗址（今黑龙江省阿城县白城子）仅4公里。据有关资料记载，这里曾有过3次战争，最后一次是元军平定乃颜叛乱。《新元史·哈丹传》载，至元二十四年（1287年），元军与乃颜部在辽河附近的撒儿都鲁发生战斗，元汉军元帅李庭带领10名壮士，持火炮夜入乃颜阵地，发射火炮，造成敌军自相残杀溃败。第二年，李庭又选铳卒潜伏火炮，夜渡贵烈儿河（今吉林省西部霍林河）上游，燃放火炮射敌，导致敌马惊乱，遂大破乃颜部。阿城铜铳当系李庭汉军所用火器的一种。乃颜败亡后，其余部哈丹继续与元军在上京及其周围地区战斗。阿城铜铳等器物，很可能是在这场战争中被遗弃在阿什河畔的。因此，这件铜铳的铸造时间的下限可能不晚于1290年。

西安铳的年代考订也有一些旁证材料。与该铳同出的古建筑构件有黄釉龙纹圆瓦当、龙纹滴水和脊兽等，这些出土物和西安东北郊元代安西王府遗址所出的同类构件是一样的。因此，西安铜铳与釉陶建筑构件都是元代遗物。在与其他铜铳的比较中，西安铳铸有多道加固圆箍，构造上比阿城铜铳有改进，但铳表面较粗糙，管壁厚薄也不甚均匀，不如明代初年的铜铳精致。因此，西安铳的年代应在元代中晚期，相当于13世纪末到14世纪初。另有研究者指出，元朝第一代安西王为忽必烈第三子忙哥剌，至元九年（1272年）封王出镇长安（今陕西省西安市）。忙哥剌有子阿难答、孙月鲁帖木儿。忙哥剌死后，其子阿难答于至元十七年（1280年）袭封，是为第二代安西王。他于大德十一年（1307年）因罪被诛，除爵。至治三年（1323年）月鲁帖木儿被封为安西王，然而不久即被流放云南，从此未再置王。这样，元朝安西王前后只有三代。第三代时间很短，只有孙承祖业，未修王府。所以西安安西王府是在第一、二代忙哥剌父子时修建的，最迟不晚于大德十一年。据此判断，西安铜铳应是在1307年前后铸制的，要早于至顺三年铜炮。

阿城、西安两铳枪的出土和探讨，为人们了解元代铜铳提供了重要资料，现今一些论著及读物多有采纳。值得注意的是，西安铳的发现，使我们对古代火药的认识进一步深入。该铳出土时，铳管和药捻口已被泥沙堵塞，从管内清理出来的塞物只有细泥沙；当清除到药室口部时，便发现了黑褐色粉末的致密结块，药室里也是同样的物质。研究者推测，这些黑褐色粉末可能是供发射用的黑色火药。后经陕西省化工设计研究院测定、分析，证实是一种黑色火药。古代火药由于种种原因，很难保存下来，故实物极为罕见。据推断，这支铜铳的药室原来即已装满火药，未经施放就掉入水池而后埋入地下了。这是目前我国考古工作中仅见的元代火药。

据前列《武经总要》的相关记载，北宋军用火药的合成物质比较复杂，除硝石、硫磺、木炭外，还有窝黄、麻茹、干漆、砒黄、定粉、竹茹、黄丹、黄蜡、清油、桐油、松脂、浓油、草乌头、巴豆、狼毒、沥青等等，大体可分为爆炸性、燃烧性和毒剂三类。由于成分复杂，功用不一，使火药的燃烧、爆炸的主体功能都有一定程度的降低。到了金元两代，由于战争频繁，火药武器应用很多，对火药的合成物质的性能以及它们之间的相互作用都有了进一步的了解，因而能够根据用途和实战需要，变化火药的合成成分，配制出不同性能的火药。关于元代中晚期的火药成分，文献中尚缺乏记载。西安铜铳中的火药，则在某种程度上弥补了这一空白。据分析报告，铳内现存结块属于当初原有物质的有木炭、硫磺和硝石，没有见到《武经总要》所说的其他物质的痕迹。显然，从北宋到元末，火药的成分已经有了显著变化，即可燃物经过精选只保留了最适用的硫磺和木炭。研究者推论，该火药现在木炭的含量为18.24%；当初所占比例应稍大于此值，暂估为20%。按《武经总要》的记载，硝石的含量约是硫磺的3倍。假定这两种物质间的比例保持不变，那么西安铜铳内火药当初的组成关系大体如下：硝石约占60%，硫磺约占20%，木炭约占20%。按这个比例计算，作为氧化剂的硝石总量比例比北宋时有所增加，提高了火药性能，克服了旧火药燃烧速度慢、不易点燃的缺点。由于供氧硝石的比例提高，火药中可燃物大部分都能燃烧，因而产生气体更多，加大了爆炸力。也就是说，元代黑色火药的性能已比宋代有了明显的进步。

3 众多的元代铜铳

在传世元代铜铳实物中，还有两件因镌刻铭文而铸制时间比较确定，是了解元代火器状况的重要实物资料。一件为至正铜铳，于清乾隆二年（1737年）在益都（今山东省益都县）的苏埠屯被人发现，1951年入藏中国历史博物馆，1958年调归中国人民革命军事博物馆收藏。该铳通长43.5厘米，口径3厘米，重4.75公斤，形制规整光洁，精铜铸制而成，是元代铜铳中质地最好的一件（见图20）。铳前口口缘外有圆箍1道，膛身有2道，与药室相接处还有1道，分布合理适中，能够有效地加固膛管。药室呈椭圆形，空腹并与前膛相连，二者合深28.9厘米；室壁有小圆孔，可插火药引信；与尾銎相接处亦有1道圆箍。銎略呈梯形，底口内径4.5厘米，口缘有圆箍1道，两

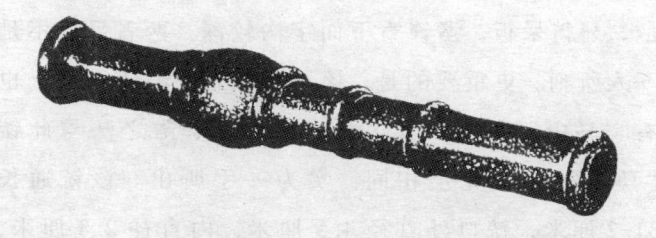

图20　益都发现的至正辛卯铜铳

侧各有1个0.3~0.4厘米的小孔。这件铜铳制作精细考究，管身外壁镌刻篆书铭文，前端是"射穿百札，声动九天"八字，中部铭作"神飞"二字，尾部刻"至正辛卯天山"六字。至正辛卯即元顺帝至正十一年（1351年），"天山"似是铸制此铳工匠的名款。铭文书体和器形都很工致。有人认为，这件铳不会是一般士兵所用，应是一个身份较高的军官随身携带的火器。

另一件是中国历史博物馆藏品，也是元代手持铜铳。不过，由于该器有后人补刻铭文，故一直没有公开发表。笔者在中国历史博物馆工作期间，曾仔细观察过这件铜铳，深觉此器制作古朴，具有明显的元代风格。承国家文物鉴定委员会副主任史树青研究员见告，此器不假，是元代古铳，器铭"和平三年吉造"六字伪，药室小孔之下的"马山"二字却是真款原刻。查和平年号，有东汉桓帝、前凉张祚、北魏文成帝和高昌麹朝用过，最晚是在公元6世纪。这时期，火药和管形金属火器的结合没有可能，故"和平"年号铭必伪无疑。"马山"铭文风格、字体结构、凿刻手法与"和平"款颇为不类，二字骨架丰满阔大，笔势流畅，凿锋斜入而字沟较浅；"和平"款则字体瘦疏，骨架松散，显得呆板，凿锋直下而字沟较深。两者显然不是一人所刻。更重要的是，该馆所藏至顺三年铜炮上也有"马山"二字，其风格、字形、下凿之法与此铳"马山"字样完全相同，实为一手所出。该铳通长31.2厘米，铳口外直径4.5厘米，内直径2.8厘米，口部一侧残缺一块，外口缘有1圆箍，前膛近中部也有圆箍1道，膛壁厚薄不均；药室作椭圆形，后部有一圆孔，是穿插引信之处，圆孔外缘不整，口边有一长形金属疤痕；尾銎中部有1道圆箍，箍下部銎腔有点歪（见图21）。整器制作显得较为粗拙。估计"马山"当系制造这件铜铳的工匠名字，与至顺三年铜炮制作者马山为同一人。由此判定，其制造年代亦当在至顺三年（1332年）左右。

图21 中国历史博物馆藏元代马山款铜铳

有关研究者曾对至正辛卯铳进行过较为深入的探讨。该铳的口径比至顺炮小得多，管身却比较长，重量亦较轻，因此它们的功用、使用方法也不相同。至顺炮属绥边讨寇军，主要用于边防作战；至正辛卯铳管身长，故所发弹丸射程较远，穿甲能力也较强，铭文形容它能"射穿百札，声动九天"，说明它适合于野战冲锋陷阵。至正辛卯铳底径有4.5厘米，可以安装适宜手握的木柄，尾銎两侧的小孔正可穿入铁钉固定其所纳之柄。它是一种典型的供单兵双手持用的战斗武器，在交战中可以有两种使用方法：当敌人距离较远时，就装填火药发射弹丸杀伤对手；当敌兵冲击到眼前来不及填入弹药时，也可以当做棍棒使用，以前端较重的金属部位砸击敌人。中国历史博物馆所藏元代马山款铜铳以及前述阿城、西安铳的使用方法也应与此是相同的。当然，随着战争的发展和对火器性能要求的提高，元铳的使用缺陷也日渐显露。戚继光《练兵实纪杂集》曾做过分析：旧式铳需要两手持柄瞄准，临战时要伸出一手点火，火未出而手先动，铳已歪斜，射出的铅子就打不准；要想打得准，必须火发而铳不动，这就需要用两手持铳而以指发机。后世鸟枪正是因此而代替传统手持铳走上了战争舞台。

属于元代的这种直管形火铳实物，今已有一定数量。一些元代铜铳因延用时间较长，常常与明初铜铳一起出土，有时数量相当惊人。例如，江苏省常州市一次出土铜铳143件，其中有50件被认为是元代铜铳。这一情况清楚表明，有元一代金属铳枪的铸造使用不是个别现象，已有某种程度的普遍性，在元代军队的武器装备中应占有一定的比例。《元史·达礼麻识里传》记载，至正二十四年（1364年）元政权内部发生动乱，元上都留守兼开平府尹达礼麻识里曾指挥一支"火铳什伍相联"的队伍，与强敌孛罗帖木儿的军队周旋。足见元军装备的火铳数量绝非很少，否则他做不到火铳什伍相连。

除上述形制的元代火铳外，近年来的考古发掘中人们还发现了一种前所未见的元代异形铜铳。这种铳外形比直筒式元铳粗壮，而且在铳体药室上部又铸了一个半圆形的把手。就实物而言，目前至少有三件。第一件系1959年发现，但直到1986年才公开发表，出土于江苏省镇江市南郊铁路复线工地。此铳的前膛、药室、尾銎三部分没有明显分段，只是药室外凸呈弧形，尾銎喇叭口角度较大，引信孔置于药室的中部，药室两侧突起一横跨室上的圆弧形宽手把（见图22）。铳管通长38厘米，其中前膛和药室长约29厘米，尾銎长约9厘米，重6.1公斤。发表者指出，这件铜铳器形特殊，器身无节，各部分曲线相接，有宽弧把，尾銎口外侈角度更大，制造比较粗糙，比起同长度的元明两代铜铳都要重得多。按古代铜铳的制造规律，一般都是随着年代的推移逐步从短向长、从厚重向坚细发展的。这件铜铳既粗又重，造型古朴，应当是元代火器。

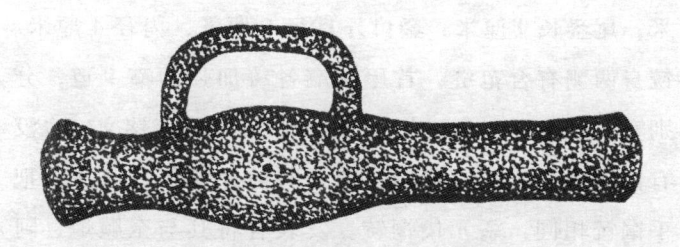

图22　镇江出土元代有把手铜铳

第二件带把手铜铳发现于1977年5月，江苏省常州市小营前招待所基建工地出土，埋于地下1.8米深处。该铳通长39.3厘米，首尾两端各铸固箍1道，分别宽1.2厘米和0.9厘米。铳体由前膛、药室、铜把手、尾銎组成。前膛外形为扁形管状体，圆形膛孔；药室呈扁椭圆形，引信孔在药室侧面中部；铜把手连接于药室上方的前后端，长16厘米，净高6厘米，宽1.5厘米，厚1厘米；尾銎外形呈扁喇叭状，椭圆形孔，銎口大于銎底。铳身两侧有合范缝，铳重5.4公斤。研究者认为，此铳与上述镇江出土的有把手铜铳相同，应是元代遗物无疑。

第三件带把手铜铳发现于1991年4月，安徽省合肥市逍遥津公园施工工地出土。铳通长38.5厘米，铳体也分为前膛、药室、铜把手、尾銎4部分。前膛、尾銎均呈筒形，膛口及尾銎底座略呈喇叭形。前膛长18.5厘米，外口径7厘米，内径3厘米，口部筒壁厚达2厘米；药室外凸呈椭圆形，长11厘米，围26厘米；铜把手呈扁圆形，已残断为两截，药室前端一节残长6.3厘米，后端一截残长1厘米，把手宽2～3厘米；尾銎长9厘米，銎口外直径6厘米，内径4厘米。铳身两侧有合范缝，首尾两端各铸加强固箍1道，分别宽2厘米和1.5厘米。（见图23）器身无铭文，也没有伴随物出土。其形制、结构与前述常州、镇江带把手铜铳相同，系元代铜铳。发表者将其与至顺炮、阿城铳、至正辛卯铳进行比较分析，认为该铳有双范合铸、制作粗糙、器身表面凹凸不平、不光洁、药室呈不规则椭圆形、有铜把手、引信药孔开在尾銎与药室

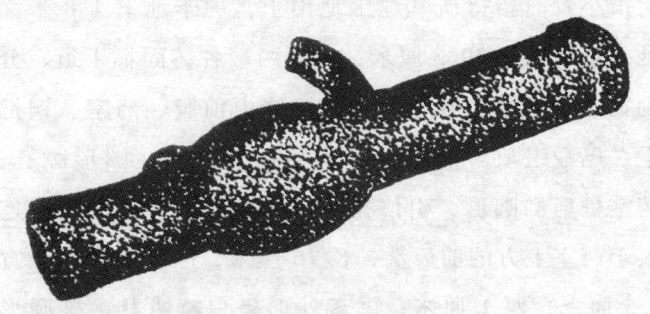

图23 合肥出土有把手元代铜铳

相接处（为一约 0.7 厘米的正方形孔）等特点，制造年限不晚于至正十一年（1351 年）。

元代这种类型的火铳，因铸有铜把手，便于用手提携，适合行军野战。由于它的形制较为特殊，其使用方法也与前述单兵手持铳有所不同。从其较重、口径稍大、带铜把手的特点来推测，它可能有两种用法。一种用法是銎部纳入一短于臂长的木柄，可用于单兵有依托发射，使用时用肩抵住木柄，铜铳置于树杈、木架或矮墙等物体上，一手用力向下拉住把手，使铳体固定，防止它在发射时上下跳动，另一手则可点燃引信并迅速抽回扶住肩部木柄。另一种用法是双人操作，銎内木柄可长一些，一人拎铳或将其固定在某一物体上，然后点火，另一人则在后操持木柄射击，有似后世发射大型火枪。元代带手柄铜铳实物的发现，丰富了人们的火器知识，预示着古铳枪很早就有了不同类型的分化，是元代管形金属火器已有一定发展的突出标志。

4. 火药火器的西传

中国是火药发明和管形金属火药武器产生的故乡。火药和火器出现后，特别是管形金属火器装备到军队后，就随着战争和各种文化交流方式向周边国家地区传播。早期则主要是向西方地域传播，一般说蒙古的兴起对这次西传起了主导性作用。金大定（1161～1189 年）末年，蒙古乞颜部铁木真以 13 具铠甲起家，逐步壮大自己的力量，先后灭塔塔尔四部、克烈部、乃蛮部。金泰和六年（1206年），铁木真召开忽里台大会建立蒙古国，即大汗位，号成吉思，通称成吉思汗。此后，蒙古逼和西夏，夺取中都（今北京），灭金朝，占领北部大片地区，帝国空前强盛。在这期间，蒙古人注重学习其他民族的先进军事知识，并获取了大批技术工匠和金军的震天雷铁火炮、飞火枪等火药武器技术。大约此后不久，蒙古人又开始制作管形金属火器并装备到蒙古军中。

1235年蒙古召开诸王大会，决定西征伏尔加河以西地区。经过周密准备，次年以成吉思汗为统帅，诸王分兵西进，揭开远征的序幕。此后不断攻掠城池，占领大片的土地。战争中他们曾使用过多种火药武器，据后世史家和有关资料的记述，主要有四种类型。第一种是手持铳枪。据有关形象材料分析，这种铳枪系由青铜制成，分铳管、铳柄两部分。前部铳管筒形，稍粗；其后部是一根细长的柄，似为木制。铳枪可手持发射，步兵、骑兵皆用，其外形与阿拉伯人使用的早期管形火器马达法相似。（见图24）估计这种手持铳主要是发射铁砂子一类的散弹。第二种是毒药烟球类的火药弹。据有关记述，1241年蒙古军攻占波兰、匈牙利和日耳曼东南部地区，在波兰战役中使用了这种当地人罕见的武器。据说，这种武器安置在蒙古军的大旗下，像一呈X形的怪首，口吐烟雾，恶臭难闻，毒雾中看不见蒙古军，结果波兰军死伤极大。我国研究者认为，这就是用火药制成的毒药烟球，它以毒烟致敌于非命，因波兰人不知是一种什么武器，故误以

图 24 手持铳枪的蒙古西征骑兵

为妖术。第三种是发射火药弹的抛石机。抛石机在欧亚大陆地区的古战场上曾广为使用,许多国家的军队都装备了这种远射兵器,在中国也是如此。但有所不同的是,在唐、宋时期,由于火药用于军事,中国军队的抛石机曾大量使用各种火药抛弹。蒙古军继承了这种传统并在西征时使用。1258年,西征蒙古军旭烈兀部进攻报达城(今巴格达),曾用抛石机发射火药弹攻城,城内火光熊熊。守军不支,城被攻陷。据说,城内许多大型建筑如教堂、寺庙等,均由于受到抛石机发射的火药弹的袭击焚烧殆尽。第四种是管形金属火炮。有关资料记载,1241年蒙古军攻击匈牙利的沙岬时使用了火炮。拉施德《集史》则说,旭烈兀部西征时发射过一种内装火药的瓶形火炮,这实际就是欧洲14世纪使用的瓶形火炮的前身。前举常州、镇江出

三 管形金属铳炮的新纪元

土的带把手铜火铳,其外形就极似个大肚长颈瓶,也许西征蒙古军所用的瓶形火炮就是与此类似的东西。在后世所绘的有关形象资料中,人们亦见到一种管形火炮(见图25)。这种火炮形体粗大,载于有大轮子的炮车上,炮口多侈出呈碗形,筒身有箍,药室不明显,有火药引信。西征蒙古军使用的管形火炮在当时不一定就是这个样子,到底怎样还有待于实物发现后予以校正。

图 25　西征蒙古军使用管形火炮攻城

　　西征蒙古兵在战场曾大量使用火药和有关火器,但对于它是否就由此而传入欧洲,学术界有两种意见。一种意见是肯定的。另一种意见则认为可能性不大:第一,火药和相关火器是军事上的秘密,蒙古军绝不会轻易泄露于人,面对强大军事压力而四散奔逃的欧洲人,没有机会知道这些军事秘密;第二,当时欧洲的文化落后,相关知识少得可怜,无法认识火药在军事上的功用,更谈不上利用火药武器,所以在西征后百余年间的欧洲文书中找不到有关记载。在这一时期，真正了解并学习到中国火药知识和技术的是阿拉伯人。

在西征的过程中，蒙古军的火药武器引起当时文化水准较高的阿拉伯人的注意和研究，许多人都想仿制或制造出新的火药武器，以赶走蒙古军队。而战争的进程又为阿拉伯人提供了很好的机会。蒙古西征伊斯兰教诸国，可以分为两个阶段：第一阶段是1219～1258年，其间战争呈一面倒状态，蒙古军占绝对优势；第二阶段是1258～1304年，这时分散多地的蒙古军不再常胜，所部常有全军覆灭的现象。第二阶段如1260年的叙利亚大战，参战蒙古军或被歼灭或投降阿拉伯人，所带妇女、军需辎重全部被埃及军队缴获，其中有相当数量的火药、火药武器。1263年，1300名蒙古骑兵向埃及投诚。1295年，蒙古人内部发生动乱，驻报达的约1.8万户蒙古军辗转进入埃及。在这些人当中，肯定有了解或制造火药武器的工匠；加之阿拉伯人文化水准高，学会火药和火药武器的制作恰如水到渠成。所以，冠以中国古名的"契丹火箭"、"契丹火轮"、"契丹火枪"等火药武器，以及与突火枪相似的"马达法"相继出现在阿拉伯世界。也就是说，伴随着蒙古兵的西征，火药武器包括管形射击火器传入了伊斯兰有关国家。

法国巴黎国家图书馆藏有一件阿拉伯人哈桑写的书，是阿拉伯文抄本（编号No.1127），著于1280～1295年，书中记有多个火药配方。如实验花，它的成分是硝10、硫磺3、木炭2、火石4、中国铁9、花10；

鸡豆，硝 10、硫磺 $1\frac{3}{4}$、木炭 $1\frac{1}{8}$、中国铁 2；契丹火轮，硝 10、硫磺 $3\frac{1}{3}$、木炭 1、契丹花 $1\frac{1}{2}$；契丹花用火门药成分，硝 10、硫磺 2、木炭 $3\frac{1}{4}$、中国铁 10，并注明这是点火用的。同书还记有火枪，枪头叫契丹火箭，而形状相近的火药制品在有关阿拉伯文古抄本中有很多，其基本形制都是仿自宋代的火药箭和火枪。

阿拉伯人仿制中国的另一种重要火器是球形火药弹。这种仿制品的形式较多，可能其中有一定数量的纸制品，是玩耍或节日游戏用；但大多应是在战争中使用的，功用主要是燃烧兼爆炸杀伤。最典型的是一种抛石机施放的火药抛弹。此弹为圆形，弹体布满蒺藜刺，还有一个突出的罐口，外形与前述唐、宋时期的陶火药蒺藜弹极为相似。仅据图形虽无法肯定它的质地，但由其形如罐、带蒺藜则可肯定其源于中国。

在阿拉伯文古抄本中，仿自中国的管形火药武器也已经出现，被称为"马达法"。这种马达法有两种形制：一种常为一人单手所持，从图形看与西征蒙古兵手持之物相同；另一种是双手所持马达法，前边已经提到的原圣彼得堡博物馆所藏阿拉伯文古抄本中即有一件（见图 26），其外形与敦煌古画火枪、元至顺三年炮如出一辙，虽然使用方式有所区别。

欧洲人制造火药和火药武器，是从阿拉伯人那里学来的。欧洲近代实验科学的鼻祖培根，在一部写于

三　管形金属铳炮的新纪元

图26　阿拉伯人双手持马达法

1265～1268年之间的书中，谈到一种像人大拇指一样的玩具使用了能爆炸的硝，可以产生可怕的声音，其声比疾雷还响，闪出的火比闪电还大。但他并没有提及欧洲军队使用了火药武器。1325年，阿拉伯人进攻西班牙，把马达法带到当地。西班牙人学会并掌握了它的制造技术，后来在它的影响下产生了欧洲最早的管形金属火器手持青铜枪。恩格斯曾经指出：在14世纪初，火药从阿拉伯人那里传入西欧，它使整个作战方法发生了变革，这是每一个小学生都知道的。火药和火药武器传入西欧后，经过多年的发展并和资本主义生产方式结合，为欧洲社会的进步奠定了重要的物质基础，成为资本原始积累的重要工具之一。就在欧洲刚刚学会仿制阿拉伯人的马达法时，中国本土已经在批量制造管形金属火药射击武器了，同时在功能上出现了枪与炮的初步分野。但由于多方面条件的不同，这并没有导致中国新的社会形态的产生。

四 传统火药武器鼎盛时期

明代传统火药武器有了很大发展,火炮形成碗口炮、重型大炮两个系列,铳枪的制造已走上规范化、制式化的道路,燃烧、爆炸性火器的种类、使用方式大增,火药武器成为明军装备的重要组成部分。此时创建的专习枪炮的神机营,成为中国最早专用火器的新兵种,在战争中发挥了重要作用。

明火器和碗口炮

朱元璋在创业过程中非常重视火器的使用。元末徐勉之《保越录》记载,元至正十九年(1359年)二月,朱元璋命部将胡大海率军进攻绍兴,张士诚大将吕珍率部坚守。战斗中双方都以火器作为杀伤敌人的利器。八日,胡部抵城下,守军不待其稳住阵脚即以火筒、火炮击其前锋。三月十二日,攻战正炽之时,守军马俊率壮士携带火筒数十主动出击,胡部突然受到射击,无法抵抗,只好后撤。四月七日,双方展开争夺绍兴山门的激烈战斗,胡部士兵已入山门下的春波桥，但都被守军的火筒击毙。四月九日，胡部为断绝守军粮道，封锁了绍兴城的昌安门，守军则在包玉、倪昶的带领下用火筒等远射火器重创胡部。激烈的搏杀使胡大海认识到火药武器的重要性，便在五月十四日集中优势火力展开总攻。他命士兵先发射抛石机和常用箭，乘敌未及喘息，又向城内发射大批火筒、火箭、石炮、铁弹丸，其锋疾不可挡，守军损失惨重。然后，胡部发动猛攻，一举占领绍兴城。

自此后，集中优势火器击敌的战术，经常被朱元璋的军队所采用。至正二十三年（1363 年）七月，朱元璋与陈友谅在鄱阳湖进行决战。在战前部署时，朱元璋认为敌军巨舟以铁锁相连，进退缓慢，调转不灵，便决定：首先集中发射各种火器创伤敌船，然后再使用弓弩，最后则短兵肉搏。所以战斗一开始，朱元璋军队的火炮、火铳、火箭、火蒺藜、大小火枪、大小将军炮等各种火药武器便一齐发射，给陈友谅军以重创，焚毁敌方战船 20 余艘。朱元璋首战告捷，为消灭陈友谅军队奠定了基础。

至正二十六年（1366 年）十一月，朱元璋大将徐达率军 20 万围攻平江（今江苏省苏州市）的张士诚。徐达根据实地情况，为减少伤亡，采取围困战略，筑长围建木塔敌楼，俯瞰城中。楼有三层，每层均备火铳和弓弩等远射兵器，监控敌人行动，遇敌即行射击。据说，张士诚的弟弟张士信即是被一种铜将军炮的弹丸击中脑部而身亡的。经一年围困，张部弹尽粮绝，兵败城破，张士诚本人也被俘虏。

明朝建立（1368年）后，火药武器成为明军守备御警、临敌作战的常规战具。洪武二十年（1387年），明西平侯沐英受命镇抚云南，他在金齿、楚雄、品甸及澜沧江中道茸（音 qì）垒深池以固营寨，垒营之中配备多种兵器，特别强调要多置火铳为守备。第二年，云南麓川宣慰使思伦发反明，率30万人进攻明军，他使用了一种骑乘大象的象兵，对明军威胁很大。沐英率骁骑3万反击，针对敌人象兵在前的作战特点，根据火药兵器杀伤力大、射程远的优势，他决定用火器来对付象兵。为此，他命令置火铳、神机箭于三行列阵中。如果敌人象兵进攻，第一行的铳箭一起发射；如象兵不退，第二行则行射击；再不退，第三行铳箭继续发射。各行可利用射击空隙装填弹药，如此反复射击，直至敌兵败退。第二天，沐英使用这种战法大败象兵。敌自相践踏，阵营大乱。明军乘机进攻，获得重大胜利。

燕王朱棣当皇帝后，也十分注意火药武器的配备和使用。永乐十年（1412年）四月，朱棣命令在开平（今内蒙古自治区多伦境内）、怀来（今北京市怀柔县、河北省涞水县）、宣府（今河北省宣化市）、万全（今河北省万全县）、兴和（今河北省张北县）一线的各隘口山顶上皆置5门火炮，既可临敌应变又能报警。永乐十二年（1414年），朱棣率军亲征漠北，蒙古贵族马哈木领兵3万抵抗。战斗一开始，明军即以神机枪炮齐射马哈木的军队，当场毙杀敌骑兵数百。接着神机枪炮又延伸射击敌军左右两翼。未及短兵相接，马哈木的军队便已伤亡很大。明军骑兵又发动正面攻击，马哈木的军队大溃，明军取得全胜。永乐二十一年（1423年）朱棣第四次北征，又明确提出神机铳居前、马队居其后，首以铳摧其锋、继以骑冲其坚的作战原则，非常推崇火药兵器的远射制敌的威力。在永乐年间的其他局部战争或战役中，明军将领也能较好地发挥火药武器的优势。如永乐十七年（1419年），倭寇2000余人进犯辽东望海堝（今辽宁省金县东北），辽东总兵刘江带领守军利用早已准备好的火炮给倭贼以迎头痛击，全歼入侵之敌。

在后来的一些战争中，由于明统治者的昏庸腐朽，明军常常遭受挫败。但明军打得较好的战争、战役，大多与火药武器能够发挥作用有关，如北京保卫战。正统十四年（1449年），明英宗受佞臣王振怂恿，亲自北征蒙古，结果在土木堡（今河北省怀来县东南）被蒙古瓦剌军包围，数十万军队被歼，英宗本人被俘，除投降者外随征诸臣多被杀戮。瓦剌军势大盛，在其统帅也先的率领下，进而围攻明朝首都北京。在这危难之际，于谦出任兵部尚书，开始了明史上著名的北京保卫战。于谦除动员朝廷上下军民同仇敌忾外，最突出的是调配火药兵器守城。他把城内火器尽数配给守城军民，并命令神机各营和有关人等在北京城各门及各要害之地架设铳炮，全城进入临战状态。十月中旬，也先指挥12万大军攻城，在西直门受挫后，又转而攻击德胜门。明都督范广组织神机营反击，各种铳炮猛烈射击攻城敌军，蚁附之敌纷纷落城，后续之敌亦遭炮轰。结果也先军人马死伤逾万，也先弟孛罗在城下中弹而死，大将平章卯那孩也被射杀，攻德胜门的瓦剌军如惊弓之鸟惊恐四散，其他各支军马亦被枪炮击退。在这种情况下，长于野战的瓦剌军为避免损失更加惨重，只得撤军。在这场京师守卫战中，明军的胜利有多种因素，如军民团结一致、于谦指挥有方等等，但由于火药武器的大量使用而有效地杀伤敌军人马，则是胜利的重要因素之一。此战充分体现了火药兵器在战争中的巨大威力。

碗口炮筒是明代火炮的一个重要类型。它是从元至顺三年铜炮发展而来的，总体特征是炮口侈出呈碗状，炮口口径大于炮膛径。对于这种炮，明代文献和相关文字资料有炮筒、碗口炮、盏口炮、碗口筒、火筒、碗口铳等多种叫法。为行文方便，我们在这里一律称其为碗口炮。据《明会典·军器军装》载录，按弘治（1488～1505年）以前定例，朝廷的火器制造部门军器、鞍辔二局，每三年造3000尊铜碗口炮。在文物考古工作中也发现不少这类实物，从形体上可分为大、中、小三种。

大型碗口炮在明洪武时期便开始制造。1988年4月，山东省蓬莱马格庄乡营子里村出土两尊宝源局铸造的洪武八年（1375年）铜质大碗口炮，现由蓬莱文物管理所收藏。两炮用青铜铸造，形制完全相同。炮口像个巨大的碗，直径26厘米。炮膛为直筒形，深55厘米，碗口以下内径11厘米，向下逐渐变细，底径9厘米。炮身外壁铸有3周加强箍，箍宽1.5～2.5厘米。药室隆起呈球状，下底为座状，加厚至5厘米。碗口炮形体短粗，管壁厚薄不匀，在2.3~3厘米之间，外壁留有明显的模铸痕。实测一尊炮长61厘米，重73公斤，炮身中部镌有铭文4行27字："莱州卫莱字七号大砲筒，重壹佰贰拾斤。洪武八年二月日宝源局造。"（见图27）另一尊炮身长63厘米，重73.5公斤，炮身也镌铭文4行30字："莱州卫莱字二十九号，大砲筒重壹百贰拾壹斤。洪武八年二月日宝源局造。"第二尊炮的点火孔处还镌刻一个"○"形符号。从铭文可以确知，它们是宝源局为山东沿海的莱州卫（今山东省掖县）铸造的。按编号推这次至少铸造了29门这种大型碗口炮。因其炮口很大，故自铭"大砲筒"。炮的出土地点营子里村，位于蓬莱城东18公里，村北临黄河，距海仅2300米，海岸平坦，滩面开阔。明朝初期，为防御倭寇从海上骚扰，曾于此地建筑营寨，驻军设防，故村名为"营子里"。据现场勘察，两碗口炮皆出土于原寨墙下。由此推知，它们是明军海边守寨使用的火药武器，很有点海防炮的味道。

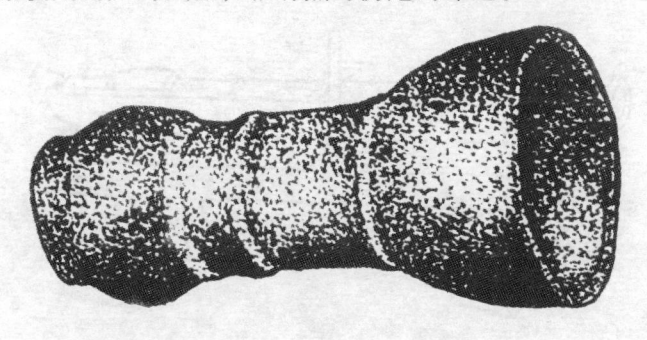

图27 蓬莱出土大碗口炮

中型碗口炮出现也很早。中国人民革命军事博物馆收藏有一门洪武五年（1372年）铜碗口炮。该炮通长36.5厘米，碗口直径11厘米，实测重15.75公斤。炮口缘下镌有"韩"字，中部镌刻铭文为："水军左卫，进字四十二号大碗口筒，重二十六斤。洪武五年十二月吉日。宝源局造。"由铭知这门炮是宝源局为水军制造的。据万历三十四年（1606年）何汝宾《兵录》卷十二记载，这种炮用一条特制的长板凳作炮架，上面又有一条长木板，木板两端各嵌装一只碗口炮，板下边有一根活动轴将其连接在板凳上。活动轴有转柄，射完一头再转过来射另一头。（见图28）射击时照准敌船底帮，平面打去即可。这种两头轮换的射击方法，可以提高火炮的发射速度，对于在水战中射击运动中的敌船是很有利的。这种中型碗口炮也用于海防。1964年初，山东省冠县辛集出土大、小、中号铜炮各1尊，大、小两种不知去向，中号的由山东省聊城市博物馆收藏。此炮通长36.4厘米，重15.5公斤，由炮口、膛管、药室、后座4部分组成。碗口外径

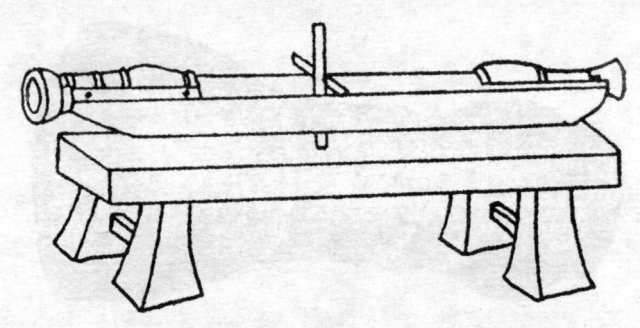

图28　中型碗口炮使用复原示意图

14.9厘米,内径11.9厘米,口壁厚1.5厘米。筒身铸固箍3道。药室略呈球状,上有一0.2厘米的小引火孔。后座上细下粗呈喇叭形。炮膛孔自口至底深31.1厘米。炮身中部刻铭文4行29字:"横海卫,教师祝官孙,习学军人王官保,铳筒重廿五斤。洪武十一年月日造。"后座镌"海"字。其当为横海卫水军所用。

同型碗口铜炮也有不刻铭文的,江苏省常州市1977年5月曾出土三件。其中一件通长41厘米,炮口内直径9.3厘米,椭圆形药室正面有一孔径0.3厘米的引火孔,尾銎呈梯形,炮身两侧有合范缝,制作较为粗糙,重14.8公斤。另两件形制相同。同出土的还有100多件铜铳炮。研究者认为,常州这批铜质铳炮,形制古拙,器身粗短厚重,就其铸造工艺来说,大部分比较粗糙,器身留有较多的毛刺,似乎铸成后未经加工修饰就投入使用。三件碗口炮与军博洪武五年碗口炮相较,属于同一型,但又显得比较稚拙粗放,其铸造年代可能要早一些。另外,这三件中型碗口炮与其他铳炮出土时排列有序,首尾衔接,并特意用物掩住炮口,火器四周泥土也没有砖瓦夹杂,说明绝非库房倒塌覆盖,而是有意掘坑窖藏。这批铜铳炮大概是明王朝建立后,战乱基本停息,朝廷为严格控制火器、防止闲置火器散失而有意埋藏起来的。由此估计,三件中型碗口炮当为元末制成,明初军队仍在使用。

小型碗口炮也有实物出土,1977年贵州省赫章县古达公社发现一件。该炮铜铸,通长31.8厘米,头大尾小,药室不明显。碗口外缘直径14.7厘米,口内直径7.5厘米。炮身下端略细,上刻铭文47字:"永宁卫局提调镇抚赵旺,监督总旗夏两隆,作头张孝先,铜匠钱四儿,成造碗口筒一十四斤四两重。洪武十一年月日造。"洪武十一年即1378年,实测炮重8.35公斤。(见图29)永宁卫址即今贵州省关岭县永宁镇北。在明前期有铭火器中,很少见地方卫所制造的火炮。铭中"永宁卫局",疑即是永宁卫中管理制铸之事的厂局。这种小型碗口炮重量较轻,适宜军队在山区行军作战使用。在北京西部山区亦曾出土过一件,笔者在门头沟区文管所曾仔细观察过实物。该炮体通长仅26厘米,短粗厚实,明显分为碗口、膛身、药室、尾銎四部分。碗口外直径10厘米,内径6.9厘米,口缘有圆箍。膛内径4.4厘米,尾銎深4.8厘米,下缘有残。炮身镌刻10字:"胜字肆千叁百贰拾肆号。"1991年发现于门头沟区大村乡德胜寺下的山沟里。大村地处深山区,不远即明代古长城,估计该炮系明长城守军遗物。按明铳炮镌"胜"字款者推计,似是正统至嘉靖年间所造。

上述三种碗口炮发射的大多是一些实心石弹或铁

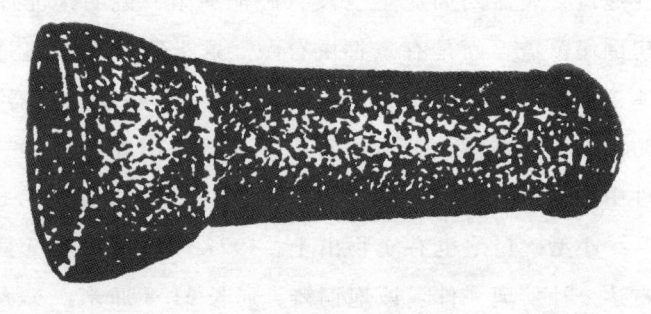

图29 赫章出土小型碗口炮

弹。到了明中叶即 15 世纪后期，有的炮外形发生了一些变化，并开始发射能够爆炸的空心铁弹。如飞摧炸炮，名为炮，实际是一种生铁制成的火药爆炸弹，铁铸为壳，内装火药。因其施放时放在形似碗口炮的大炮口上，故又称为小炮。（见图 30）发射时，先将铁壳小炮点燃，次点大炮药线，以大炮送小炮，至敌方阵地爆炸。炮弹的这种改进，是中国传统火炮技术的一大进步。再如，飞云霹雳炮，也发射爆炸弹。该炮炮

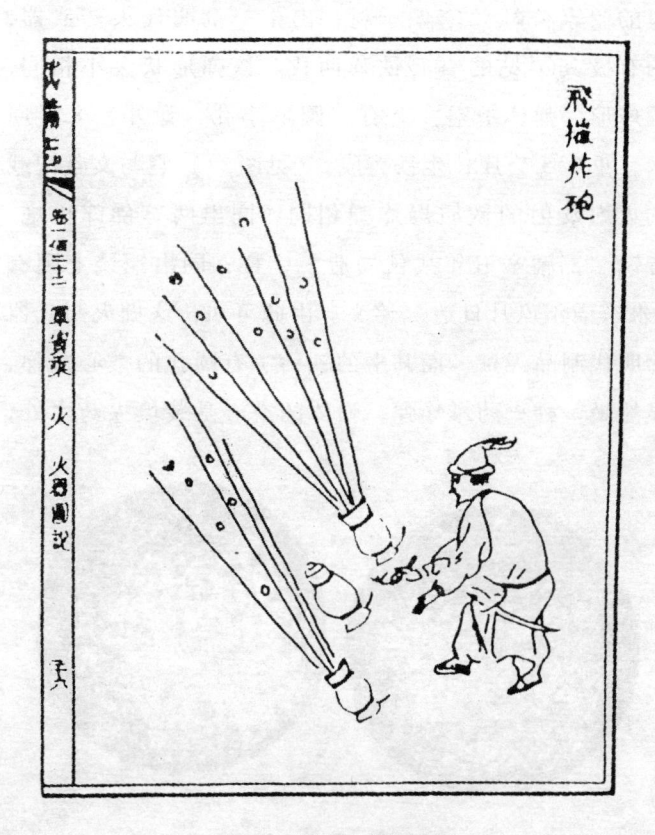

图 30 发射飞摧炸炮

身长3尺,安装在炮架上,外形作直筒形;炮弹是一种生铁铸成的圆球形炸弹,其大如碗。发射时母炮炮筒填入大量火药,弹丸装填在火药上部,用母炮将其射入敌方营寨。弹体爆炸声如霹雳,弹片四飞,同时伴随着火光。

有关明代的这种爆炸弹实物,以前从未见人提到过传世品,但随着文物考古事业的发展,人们终于发现了这种实物。1978年10月,在辽宁省辽阳城南6公里的兰家公社兰家堡子村,出土一批明代火药武器,内有极其罕见的空心铁弹两枚。该弹形状大小相同,圆球形,弹体中空,上有一圆形小孔,弹外径8.7厘米,重2.5公斤,生铁铸成。(见图31)它与文献记载的火炮发射的铁质爆炸弹相同。同出两尊佛郎机炮,皆镌"嘉靖辛丑年兵仗局造"字样;同出铜铳上则有"永乐柒年玖月日造"铭文。由此可知,这批火药武器为明代制品无疑。而其中的铁铸、有圆孔的空心铁弹,显然是一种火药爆炸弹,弹体的空心是装填火药之处,

图31 辽阳出土明空心铁质爆炸弹

其上小孔是安插引信的引火孔。这是我国已知最早的铁质火药爆炸弹实物。

② 各种形式的火铳

在明代文献中，有关火器的分类、命名比较复杂，常常是针对某一种火器的外形特征或使用方式或特殊性能，予以分类定名。这相对于现代常规武器的类型来说，显得缺乏统一性，但在当时的客观条件下还是比较适宜的，特别是在将名称与实物对照时尤为方便。《明史》、《明会典》等书，曾谈到一种以手把持发射的铳枪，称手把铜铳、手把铁铳或手把铜铁铳，名称即鲜明地体现了它的使用特征。它实际就是从元代的手持铜铳枪发展起来的。这种火器实物的传世品、发掘品数量都比较多。其总体结构主要是3部分：较长的铳膛、扁圆形的药室、可以纳柄手持的尾銎。从口径上说，它又可分为一般手持铳和大型铳两个类型。

据有关研究者统计，从明洪武至弘治年间的带铭文的一般手持铳，现有实物50件，其中洪武五年（1372年）铳4件。根据铳上铭文可知，明初对火器的制造权控制严格，当时虽然没有专门的火器制造机构，但却是由朝廷的铸币组织宝源局统筹管理的；所造火铳以"全"、"胜"等字为字头，进行统一编号，然后下发各地卫所使用。这时期的一般手持铳，大体沿袭了元代铳枪形制，前膛较为细长，口径多在2厘米左右，铳身铸有竹节似的加强箍，药室因增加壁厚以承受火药爆燃的压力而微微隆起，药室上有一点火孔。使用时一般是把引火药塞满火孔，再用火绳点燃。尾銎中空，可能是积多年经验将其制成平直的长筒形，非常适合安置木柄。传世品有江阴卫洪武五年铜铳，通长43厘米，口径2厘米，铳身铭文为"江阴卫，全字叁拾捌号长铳筒，重叁斤贰两。洪武五年五月吉日宝源厂造"，铳尾銎刻"手拿此处或下用木柄拿"。明代厂、局有时在名称上通用，宝源厂即宝源局。这是下发江阴（今江苏省江阴）卫的火铳，因器体细长故名长铳筒。尾銎刻文则说明此铳可安柄手持发射，亦可不安柄直接手持尾銎施用。1964年河北赤城出土一件洪武五年铜铳，通长44.2厘米，口径2.2厘米。（见图32）铳身铭文为："骁骑右卫，胜字肆佰壹号长铳筒，重贰斤拾贰两。洪武五年八月吉日宝源局造。"出土时铳管内有两层装填物，上层为细小的弹丸，下层是发射火药。显然，当时手持铳枪发射的都是一些铁屑、铅丸类的散弹，有似后世的火枪。

图32　赤城出土洪武五年铜铳

从实物铭文推测，可能自洪武十年（1377年）开始，各地卫所已相继制造手持铳枪，目前已知实物至少有19件。洪武十三年（1380年）朝廷规定，在各地的卫所驻军中按编制总数的10%装备火铳。二十六年，规定水军每艘海运船装备碗口铳4门，火枪20

支，火攻箭和神机箭各20支。当时全国设300多个卫所，火器所需数量很大，仅中央一地制造很难满足需要，故允许各地卫所自行承造。见于实物铭文的造铳卫所有凤阳府（今安徽省凤阳县）、凤阳行府（同前）、南昌左卫（今江西省南昌市）、威武卫（今福建省福州市）、杭州护卫（今浙江省杭州市）、杭州护、水军左卫、虎贲左卫、虎贲卫、渡竟卫、金陵卫（今江苏省南京市）、袁州卫（今江西省宜春市）、凤阳怀远卫、吉安守御千户所（今江西省吉安市）等。表明这一时期铳枪制造技术已相当普及。估计在铸造过程中，中央部门曾向各卫所颁发过统一的式样或标准。前言19件洪武铳，有17件形制一致，长度、口径皆分别在44厘米、2厘米左右。而南昌左卫一件长32厘米、口径2.1厘米、重2.2公斤，与金陵卫一件长31.2厘米、口径2.4厘米、重2.5公斤，相差也不是很大。这应是制式统一的结果。同时，这时期铳枪铭文格式也基本相同，大体都是造铳卫所、监造官员、教师（或教匠）和习学军人（或军匠）、铳体重量、制造时间5项。如1971年内蒙古托克托县出土洪武十年铳铭为"凤阳行府造，重三斤八两，监造镇抚刘紧，教匠陈有才军匠崔玉，洪武十年月日造"。也有个别省略的，如山东所出一件铳铭为"杭州护卫，教师吴住孙，习学军人王宦音保，铳筒重三斤七两。洪武十年月日造"。这里省略了监造人。

建文至弘治年间的一般手持铳实物约有30余件。其中建文二年（1400年）1件；永乐年的最多，达16

件。这些器物皆镌刻统一编号。研究者认为，洪武十三年（1380年）明廷成立专门制造、管理火器的机构——军器局，洪武末年又设置兵仗局，是为中央部门的两大造兵机构。明成祖当了皇帝以后，加强了对火铳的管理和控制，制造权复归中央部门。永乐年间的火铳全是由军器、兵仗两局制作的，而不见地方铸制之物。因此，这一时期的铭文款式也发生了变化，不再刻卫所和监造人的名称，而代之以统一的字头编号。其中，"天"字编号手铳最多，实物不少于25件，铭文纪年自永乐七年（1409年）始，历宣德、正统，三朝造铳27年，铳铭最小编号是五千二百三十号，最大编号是九万八千六百十二号，按一铳一号计算，再加上其他字头的编号，当时火铳制造量可能达十几万件。这表明当时火铳生产量巨大，是装备军队的最重要的火药武器之一。

在这段时间内，一般手持铳的形制也有所变化，突出的是火铳药室上的点火孔加铸了火药槽和火门盖，药槽有利于点火，可以开合的火门盖则在一定程度上防止了风雨对火药的影响。这种设置在永乐时期铳枪上即开始普遍出现。例如，1985年河北省崇礼县出土一件永乐铜火铳，该铳通长35厘米，口外径3厘米，铭文为"天字叁万陆千柒佰肆拾伍号，永乐十二年叁月日造"。该铳药室点火孔旁铸有规整的火药槽和火门盖（见图33）。这显然是制造技术进步的表现。另外，这一时期很多铜铳都是精铜制成，铜质较好，因而铳表光洁平整。很可能当时的制作者已意识到铳管形制与弹丸射速的关系，因而出现一种从药室到铳口管身逐步变细、有一定锥度的铳枪。这种铳管缩小了火药气体的出口，可以增加它推动弹丸的力量。近年这种有锥度的铳枪实物已有发现。例如，1978年10月在辽宁省辽阳县出土一件火铳，该铳通长35.2厘米，铳管收度自药室起渐渐加大，至铳口内直径仅1.5厘米，药室上亦有药槽和穿置火门的设置，尾銎有二竹节纹，上刻"天字贰万贰千伍拾捌号，永乐柒年玖月日造"。该铳重2.5公斤，黄铜铸制，是人们了解这一时期铜铳形制的珍贵实物资料。正统以后一般手持铳枪也有一定数量的实物，但基本构造、形制并没有太大变化。

图33 崇礼出土永乐十二年铜铳

在明代一般手持铳中，还有相当数量的无铭文铳枪。70年代，在广东省高要县发现11支，其中铜铳8支、铁铳3支。内蒙古自治区托克托县也出土过4支没有铭文的明代铜铳，其中一支通长29.5厘米，前膛长17.5厘米，药室长4厘米，尾銎长8厘米，铳口内直径2.5厘米，壁厚0.8厘米，重2.3公斤（见图34）。该铳形制不甚规整，质量显得比明前期有铭铳差一些，有可能是地方自造。托克托出土无铭明铳中，有一件样式比较特殊，该铳通长38.5厘米，口径1.9

厘米，铳尾不是中空的筒形，而是一实心长条形柄，根本无法插柄，显然是缚在木柄上或直接手持实心尾柄使用。这是一支形制较为原始的无铭古铳。

图 34 托克托出土无铭铜铳

所谓大型铳，是一种外形像一般手持铳枪，但口径、重量要大得多的火铳。其数量并不多，目前见于公开报道的铳枪的口径、尺寸明确的共 5 件。其中有的铳枪筒长达半米以上，重量超过 25 公斤，使用时铳身应该有所依托，估计是安置在发射架上施放。

最重的一件出土于河北省宽城县，1972 年在该县邮电局院内打井时发现。该铳为铜质，通长 52 厘米，实测重 26.5 公斤，铳身无箍，铜壁平均厚 1.5 厘米，铳口内直径 10.8 厘米，外直径 13.8 厘米，铳身铸铭文"永平府洪武十八年三月八日铸，□□□铳铜重六十斤，匠造官□□□□，铸匠□保子"。永平府即今河北省卢龙县，宽城在长城重关喜峰口外。据《明史》记载，洪武二十年（1387 年）春天，冯胜受命为征虏大将军，三月率师出松亭关，在宽河（今河北省宽城）一线筑城，后又领军北上，大败北元丞相纳哈出。宽城出土的这件洪武十八年（1385 年）大型铜铳，很可能是冯胜北征时的遗物。

1983 年甘肃省张掖县出土一件与宽城铳形体相近

的铜铳，该铳通长55厘米，口径7.3厘米，重20公斤，铳身刻"奇字一千陆伯（百）拾壹号，永乐柒年玖月日造"字样。（见图35）该铳形制规整，制作较为精良。《续文献通考》载，景泰四年（1453年）四月，宁夏总兵张泰为加强守军的火器装备，报请明廷允许自造火铳时曾提到永乐年间制造的34斤重的守城铳，说这种火铳可以发射个体较大的石弹。有的研究者认为，书中所说的34斤重的火铳与甘肃张掖的大铜铳可能是同一种东西，两者在铸制时间、施用地点、铳体重量上都有相近之处。由此估计，这种形体较大的铜铳都是用来发射石弹的。

图35 张掖出土大型铜铳

河北省文物研究所也收藏了一件这类型铜铳。该铳通长43.6厘米，口径5.3厘米，上镌铭文"奇字壹万贰千肆拾陆号，永乐十三年玖月日造"。该铳药室点火孔处加铸了火药槽，从槽下部的痕迹看，原应有火门盖。出土时铳管内还保留着火药和弹丸，在药与弹之间夹有一圆形小木片，此即所谓木马子。这种木马子可以加强火药的爆发力量，提高火铳的射程。《明会典》记载，军器、鞍辔二局三年一造的火器原件中，有椴木马子三万个，檀木马子九万个。这种东西应是用于口径较大的火器,标志着火器制造技术的提高。

值得注意的是,从出土实物看,这种形体粗重、口径大于5厘米的火铳,只见于洪武、永乐年间,此后无实物可觅。这很可能是明初统治者在缺乏强火力战具的情况下,根据一般手持铳造出的一种新型火铳,因此它虽形体较大但形态却与手持铳枪相似。

上述火铳在总体上有一个特征,那就是单管单发,射完一弹后即需擦拭枪管,装填新弹药,然后再射第二弹。其射速相当迟缓,有可能延误战机。随着时间的推移,战争胜否的因素日益增多,对火器技术、性能的要求也相对增高。为了适应战争状况,明代后期发明了各式多发火铳。《武备志》、《大明会典》以及《徐光启集》等书记载了一些当时的这类火铳,其中有夹把铳、直横铳、三服铳、五眼铳、七星铳、八斗铳等;有的还附有解说图,如十眼铳(见图36)。十眼铳为长管状,长5尺,中间1尺为实心,两端2尺为铳管,各分5节,节长4寸,节间用厚纸隔开,节内各装弹丸与火药,其上各开火门。铳管用铜或精铁制成,重7.5公斤。作战时,从铳口一节开始燃射,然后依次进行,一端射毕,再燃射另一端。

在文物考古资料中,可以与文献对应的多发铳实物目前仅见到三眼铳一种。戚继光在河北主持长城军务时,曾以三眼铳装备敌台、烽墩守军。何汝宾认为,这种铳适合北方骑兵作战,每铳可装2~3枚弹丸,当敌人距离较远时,可以齐射或连射;如敌人冲到面前,

四
传统火药武器鼎盛时期

图 36 明代十眼铳

也可把射完的三眼铳当大棍使用。1978 年，在辽宁省辽阳县兰家堡子村曾出土两件铁质三眼铳。一件通长 40.5 厘米，单铳口径 1.3 厘米；另一件通长 36.3 厘米，单铳口径 1.5 厘米（见图 37）。除长短、粗细略有差异外，两者基本构造、形制相同。铳身皆以 3 支单管铳固定而成，后部为一圆形手柄，三铳管呈品字形排列，口部与管身有 3 道固箍。每支单铳都有自己的火门药室，可以单放，也可以引火齐放。这在一定程度上提高了火铳的射度和火力，是明代铳枪的一个新的进展。

图 37　辽阳三眼铳复原示意图

3　传统重型铜铁炮

在明代传统管形火药武器中，除碗口炮、各式铳枪外，还有一种形体与前两者不同的重型火炮，它与明代中后期受西方火炮的影响而出现的大型火炮渊源不同，故我们这里称其为传统大型火炮。这种火炮与西洋炮形制差异较大，或短粗，或前粗后细，或节箍显异。已知实物分为铜、铁两种。

时间最早的是明初平阳卫（今山西省临汾市）铸造的三门洪武大铁炮，今为山西省博物馆藏品。三门铁炮形制相同。其中一门通长 100 厘米，口外直径 30 厘米，内直径 21 厘米；管壁较厚，平均达 4.5 厘米。整炮由膛身、药室两部分构成。炮口有圆箍 1 道，膛身中部和下部与药室相接处也各有 1 箍。在第二、三道箍间两侧，各有两根对应的长耳柄。药室呈圆形，室上部有一引火孔。炮上铭文为"大明洪武十年丁巳□□季月吉日，平阳卫铸造"。（见图 38）原发表者认为，该炮身两侧的 4 根耳柄是调整射击角度的耳轴。近来有的学者认为，炮耳轴是西方火炮所特有的，调

整射击角度时只要 1 对就足够了。山西洪武大铁炮有 2 对耳柄,且皆呈四方形不便于转动,而炮耳轴无一例外都是圆柱形的。因此,这 3 门铸于洪武十年(1377 年)的大铁炮耳柄不会是用来调整射击角度的,可能是为搬运火炮之用。当时火铳相对都较轻,没有炮车载行。当这种大型重炮出现后,因搬运需要,加铸了双耳柄。这个看法有些绝对化,但对双耳柄的分析似可通。洪武大铁炮的存在,对人们认识了

图 38　山西洪武大铁炮

解明初的火炮制造能力很有帮助,说明当时的火器铸制技术已比较发达,在形制、选材、品种规格上皆超过了元代。这三门大铁炮,可能是明初军队为防御北元政权所用。从其体形较大这一点看,行军野战很不方便,用于守城或守备要塞最为相宜。

　　与山西洪武十年大铁炮形态最为接近的,是四川宜宾合江门出土的一件大铜炮。该炮发现于 1978 年 3 月,炮身通长 80 厘米,重 250 余公斤,由前膛、药室和尾銎 3 部分构成。前膛长 48 厘米;炮口外直径 30.5 厘米,内直径 23 厘米;管口壁厚约 3.75 厘米。药室呈圆形,长 23.5 厘米,外直径 34 厘米,比炮膛外径

略粗。尾銎置于药室后部，长仅 4.5 厘米，最大直径 24 厘米。该炮炮口外沿铸有宽固箍，前膛外身也有 5 道箍，在第四道固箍的两边对应部分各铸两个榫柄。药室外凸，在靠近尾銎处有一引火用的小圆孔，与尾銎相结处又有固箍 1 道。（见图 39）这是四川地区极为少见的重型铜火炮。宜宾自古为兵家要地，历代多有军队驻防。今三江口城内还残存着唐代的土城墙和明代靠土城砌筑起来的石城墙。合江门即设在岷江与金沙江的汇合处，借以控制水军。铜炮发现于合江门城门下，说明是守军用来对付水上船只的。这件铜炮本身没有铭文，从器物外形特别是两侧 4 根耳柄看，与山西洪武大铁炮十分相似，不同的是炮身圆箍较多，并出现短尾銎等。该炮应是承袭了洪武铁炮的基本形制，并因实际需要而有所改造；其铸造年代要晚于洪武铁炮，大约是明代前期的产品。后来的多箍将军炮似乎受到这种炮的影响。

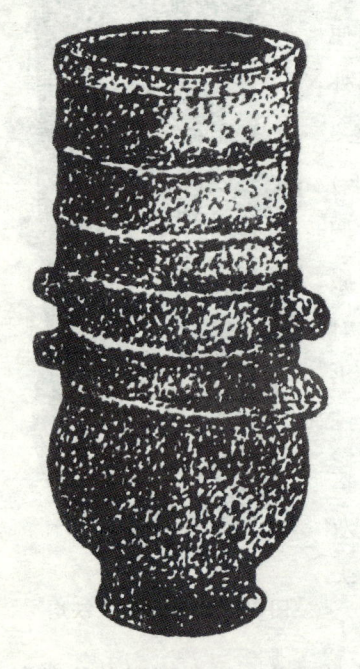

图 39 宜宾出土大铜炮

此类重型铜炮在其他地区也有发现。1965 年 3 月，湖南省博物馆在株洲曾鉴选出一件，因上刻"汝宁府"

（今河南省汝南县）等字样，湖南方面便将此炮转交河南省博物馆收藏。该炮通长 81 厘米，重 348 公斤；炮口外直径 32 厘米，内直径 22 厘米；口沿壁厚 5 厘米。炮身最粗处围长 112 厘米，上刻铭文 5 行 25 字："正德陆年拾月，内汝宁府知府毕昭、守御所千户任轮奏准铸造。"（见图 40）这件铜炮在大型火炮造型中有自己的特点，外貌像个大圆筒，呈典型短粗状。或以为它是从小型碗口炮发展而来，但缺少证据。把它看作将军炮的一种或较早类型，也许是比较恰当的。该炮铸于正德六年（1511 年），其时火器制造权已归中央有关部门，故汝宁府铸造此炮时需向朝廷特别申请，奏准后方能铸制。

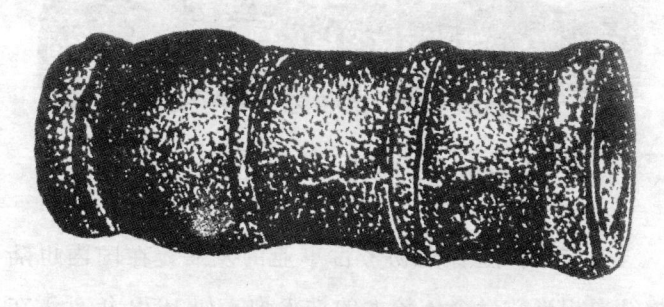

图 40　汝宁府造正德大铜炮

在传统大型火炮中还有一种大将军炮。《兵录》卷十二载，成化元年（1465 年），明廷造各式将军炮 300 门，以后又陆续制造，大者重达 1000 斤。这种火炮也有实物遗存至今。例如，日本存我国万历二十年（1592 年）造大将军铁炮三门。其中一门通长 143 厘米；口外直径 20.1 厘米，内直径 11.3 厘米；壁厚 4.4

厘米。自炮口至炮尾共有9道加固箍。药室呈算盘珠形,上开火门。所镌铭文为:"皇图巩固,天字壹佰叁拾伍号大将军,监造通判孙兴贤,贰贯目玉。万历壬辰孟冬吉日,兵部委官千总杭州陈云鸿、教师陈胡、铁匠刘淮。"今山海关城楼也展出1门明铁制大将军炮(见图41)。该炮长143厘米,口外直径16厘米,内直径10厘米。炮身没有铭文,与日本所存中国万历大将军炮多有相似之处,如炮身的多道圆箍、算盘珠形的药室等,铸造时间似也属万历年间。这是我国传统大型火炮的最晚品种。当佛朗机铳炮传入大陆后,很多这种大将军炮都被改造为佛郎机式。

图41 山海关陈列的铁大将军炮

近年来,随着文物考古事业的发展,在国内也陆续发现相当数量个体较大的铁火炮,如1979年夏天在江苏省镇江市出土的23尊铁炮。发表者将其分为四种类型。第一种是环箍凸腹式铁炮,圆筒形,尾部加厚,药室凸出,前膛外壁加铸环箍1至4道不等。其中最大一件长98厘米,口径7厘米,重87公斤。第二种为环箍厚尾式铁炮,炮作圆筒形,口、尾部加厚,没有凸腹,炮身铸环箍7至8道不等。其中最大一件长108.2厘米,口径6.5厘米,重46公斤,其形制似与前面提到的将军炮有些关系。第三种是宽箍式铁炮，炮口、尾部加厚，膛身外铸3道宽箍，外观呈节节状。其中完整的一尊通长74厘米，口径7厘米，重53公斤（见图42）。第四种是大口式铁炮，实属前边所说的碗口炮形制。这批铁炮没有铭文，报告者认为是明初制品。其中有数尊炮体尾部炸穿或炸断，且出土时各炮凌乱散置。发现地点东侧约100米处，即是古城墙旧址。因此，推测这批铁炮当是守城武器，有可能是城战的遗物。

图42　镇江出土宽箍式铁炮

在近年出土的形体较大的铜炮中，有一种带单耳轴的，实为前所未见，发现于江苏省常州，共5尊。发表者将其分为两种。第一种为多箍式，2件形制相同。其中一件通长56.5厘米，外口径9.8厘米，内口径5.8厘米；前膛呈圆管状，外壁铸箍6道，等距离分布；药室椭圆形，铸箍1道，室上方开一修孔，径0.4厘米；尾銎呈喇叭形，上铸固箍两道。炮身两侧留有合范缝，中段两侧各铸1扁平耳轴，长5厘米，宽3.5~4.9厘米，厚0.9~1.7厘米。第二种为直筒式炮，3件。其中1件通长54.5厘米，口外直径16.5厘米，内直径12.5厘米；筒壁平直，外形无前膛与药室之分，炮口径大于炮底径；炮身两侧有合范缝，铸固箍 5 道，在第 1、2 箍之间铸铭"公府"2 字；炮身中段两侧各铸 1 扁平耳轴，长 8 厘米，宽 4.5～7 厘米，厚 1.5～4 厘米，外沿薄，近炮身处最厚。（见图 43）铜炮内膛中遗存 1 段木马子，长 13 厘米，直径 11 厘米。发表者认为，这 5 件铜炮身两侧都铸有扁平鳍形耳轴 1 对，其目的是支架起炮身，使炮口可以高仰或平置，以便迅速修正射角，及时有效地杀伤敌人。这种扁平耳轴装置比以后出现的圆柱形耳轴（如明正德年间的佛郎机炮等）转动灵活性差，但比起以前用垫木办法来改变射角无疑是一大进步，它起到了承先启后的过渡作用。

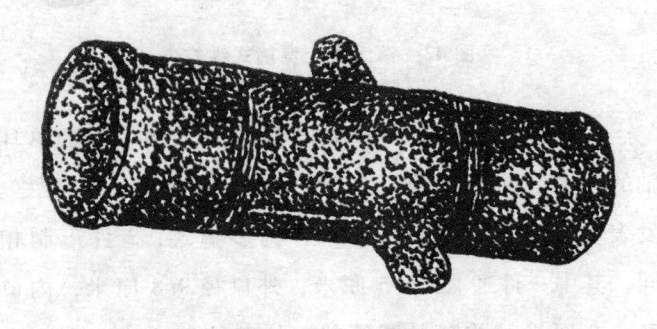

图 43　常州出土单耳柄公府铜炮

在明代文献记载中，也有一些形体较大的火炮。现择其要介绍几种。

叶公神铳。用净铁打造而成，以体重、尺寸分为天、地、玄三号。天字号最重，280 斤，长 3 尺 5 寸；地字号重 200 斤，长 3 尺 2 寸；玄字号重 150～160 斤，长3尺1寸。这种炮用车装载，车为3轮，两前一后。前轮高2尺5寸，轴长3尺5寸；后轮高1尺3寸，轴长1尺1寸。（见图44）用铁绊将炮身固定在车上，车后有2尺长的横枕木抵住炮尾。填装火药采用分装式，先装入1~2斤火药，压实后填入干土做隔断，再填入火药3~5斤，最后装铅子1个、生铁子半升。最大射程可达6~7里，弹丸分布面约数丈。这是明代一种杀伤力较强的火炮。

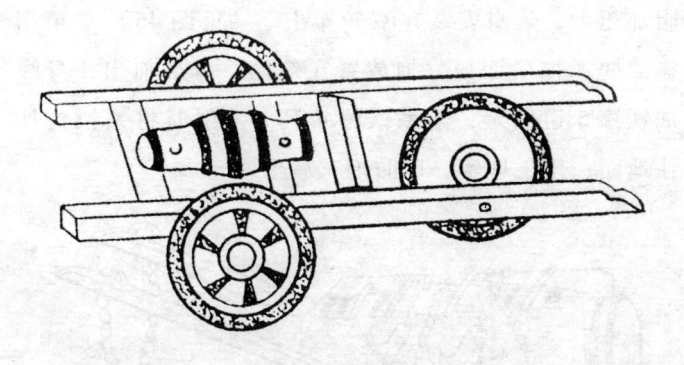

图44　叶公神铳

百子连珠炮。是装在炮架上发射的火炮，用精铜铸成。炮身呈长筒形，长约4尺；尾部安有尾轴；炮筒前部近炮口处有1个1尺多长的装弹嘴，不用通过炮口，由此即可装填弹丸。炮内可装火药1升5合、弹丸约百枚。据说，该炮安装在炮架上，人手握尾轴就可以上下左右旋动炮身，向各个方向射击。如记载无误，这应是一种机动性较强的火炮。

威远炮。是一种用大将军炮改装的火炮。原炮较重，运动极为不便。改装后去掉铁箍，炮身光滑，药室部位则加厚,成为鼓腹状。此炮有两种规格。一种重110~120斤,炮身长2.8尺,口径2.2寸,每次装药8两。发射重3斤6两重的大铅子1枚,射程达10里;发射小铅子时,可装100枚,每枚重6钱,射程达4~5里,小铅子覆盖面约40多步见方。另一种重200斤,口径、炮身尺寸比前者相应增加,用车载运,发射时将炮口垫高5~6寸,射程比前者远。

攻戎炮。是一种车载炮。外形短粗,束口收尾,腹部粗大,炮身安装在双轮车上。(见图45)车箱用榆或槐木挖凿而成,炮放置在箱内,口部前出,身腹加铁箍5道固定,上系铁锚4具。发射时将铁锚钩挂住地面,用土埋实,以防炮车后坐。

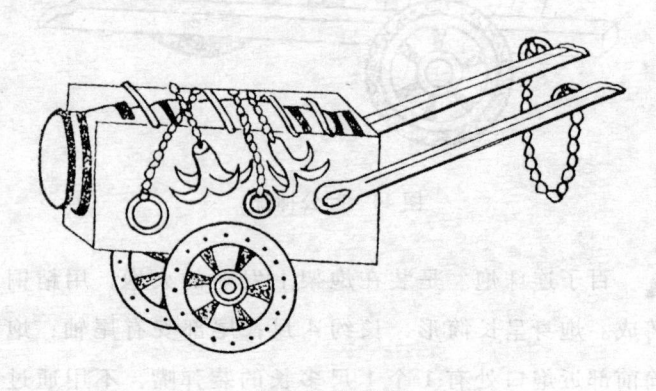

图45 攻戎炮

4 燃烧爆炸性火器

明代火器的制造技术,除管形金属火器有很大发展外,燃烧、爆炸性火药战具也不断得到改进提高,并发展成种类繁多的火药武器,广泛用于战场,被称为"军中利器",在明军火器装备中占有一定地位。现对火药箭、喷火筒、爆炸弹等略作说明。

明代火药箭,据其发射形式可分为一般火药箭、初级火药箭、二级火药箭3种类型。一般火药箭通常是以弓弩作为动力,射出的箭杆上装有火药包或火药筒,性能是以药发火来焚毁敌方物资或建筑。这种箭形制简单,造价较为低廉,生产工艺要求不高,但如使用得当,往往能产生极大的破坏力。因此唐、宋以来,经常把它作为一种常规火器大量生产。明代使用的石榴火箭、钉篷火箭即属此类。弓射火石榴箭系用引信点火。用二三层棉纸包装火药呈石榴状,外加麻布裹紧,用松脂封严,榴上安置引信,然后将其固附在箭镞后的箭杆上。(见图46)作战时,点燃榴上引信,射向敌方目标,火药燃烧喷火,引燃周围物体。

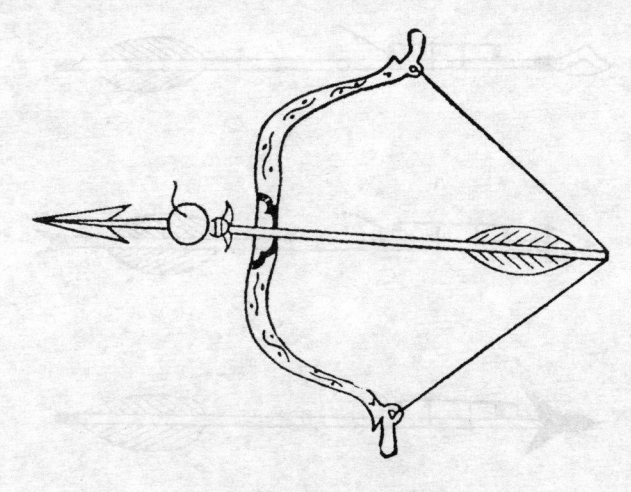

图46 弓射火石榴箭

据说燃烧后，水浇不灭。这种箭也可以用弩发射，药包重量则根据需要适当调整。

初级火箭，是利用火药燃烧喷射气体的反作用力推进的火箭。它以火药筒作发动机，以箭杆作箭身，用翎和箭尾上的配重铁块稳定飞行姿态，以箭头为战斗部。施放时用固定物当支架，分为单发式、多发式两类。飞刀、飞枪、飞剑属单发式，俗称三飞箭。箭杆用硬木制作，长6尺，粗5~6分；箭镞长3寸，分别作刀片、尖枪、翼剑三形，上涂毒药；箭杆上绑缚火药筒，长8寸，粗1寸2分，内中装满火药；药筒尾部安有引信。（见图47）发射时，架在树杈或其他支架上。距敌300步时点燃箭杆上药筒的引信，射程可达500步，飞行速度、力量都比较大，能穿透敌人的铠甲。

神火飞鸦，属单发式有翼火箭。飞鸦用细竹篾或

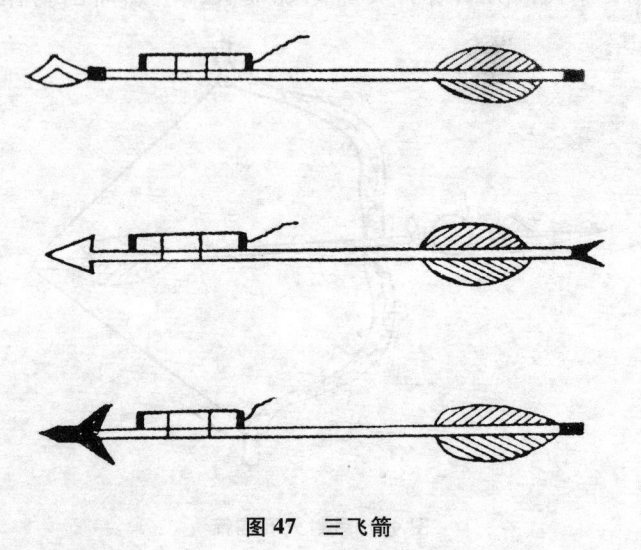

图47 三飞箭

细苇草、棉纸做成，作长篓形，内装火药；鸦背有孔，从中伸出4根1尺多长的引火线；鸦腹下安有4支装满火药的药筒，是神鸦飞行的动力装置。将鸦背伸出的火线与4支药筒的火线连接，最后将鸦身用纸糊牢，安上鸦头、鸦尾和双翅，整个形态像只展翼飞翔的乌鸦，故名神火飞鸦。使用时，先点燃鸦腹下的4支药筒，利用药筒喷射的气体的反作用力使鸦体飞出，药筒的火线引燃鸦腹火药的火线，飞鸦起爆燃烧，焚毁敌方设施。这种飞鸦能飞行百余丈。如将飞鸦稍加改装，用圆形火药雷代替鸦身，即可制成飞空击贼震天雷，在空中爆炸杀伤敌人，可用于攻城。

多发火箭品种较多，仅《武备志》中就记载有十多种。这类火箭是将多支安有火药筒的火箭置于一个口大底小的木桶中，桶内分列多个箭格，一格置一箭，将所有的火药引线集成一束引出桶外。使用时，将集束引线点燃，众箭同时发出，射程可达百步以上。这类火箭发射密度较高，如一窝蜂，一桶含箭32支，射出时如群蜂出巢（见图48）。再如群豹横奔箭，一桶装40支，同时发射有很强的杀伤效果。《明太宗实录》载，建文二年（1400年）四月，燕王朱棣发动靖难之役，南下时在白沟（今河北省新城县境内）遇到建文帝大将李景隆的抗击，激战中李部曾以一窝蜂火箭攻击燕军，造成很大伤亡，时有"人马具穿"的记述。可见，在实战中这类多发火箭的威力确实很大。

二级火箭是明代火器中最先进的，有些人甚至把它视为现代火箭技术的雏形。著名的火龙出水即属此

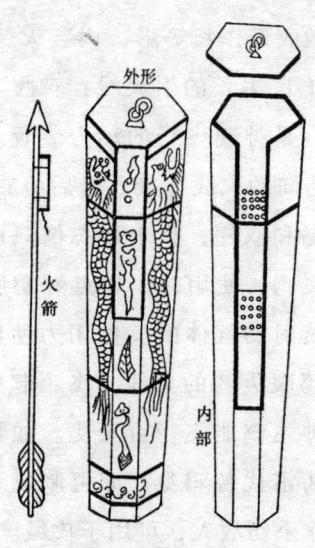

图48 一窝蜂多发火箭

类。该器整体形态似龙，龙身筒形，用5尺长的上好毛竹去节削薄制成，前端装上大张口的木雕龙头，后端加置木制龙尾，龙腹内装多支火箭。龙身前部两侧各装1支一斤半重的起飞火箭，后部两侧也各装1支，作为龙起动、飞行的动力来源。龙腹内火箭的火线与龙身两侧4支火箭的火线是并连在一起的。因为这种多发火箭是为水战制造的，常在水上使用，故称为火龙出水。施用时，将龙放在距水面3~4尺高的地方。发射时，点燃龙头、龙尾两侧的4支火箭，药筒喷出的气体推动火龙起飞。待4支火箭燃烧将完时，连接的引线引燃龙腹内的火箭，各火箭从龙口飞出，射杀敌方人员。

　　喷筒类的火器在明代使用很多，大多在火药中放进毒物伤害敌人。如毒药喷筒，又称飞天喷筒，筒身用长1尺5寸（或2尺多）、直径2寸的竹筒制成，筒外密缠麻绳，下端安有5尺长的竹或木柄。装药时先装慢燃火药，次装发射用喷药，再填含有砒霜、松脂、樟脑等药物的火药饼。药饼一枚一层共装5枚，轻放轻压，勿使破碎。如装药适当，可将有毒火药饼喷到相距数10丈远的敌船帆上，药饼粘贴其上，将敌船焚毁。

毒龙神火也是一种喷筒，主要用于攻城。筒身以3尺长的毛竹制成，内置有毒火药或糜烂肌肤的火药。施用时，将其绑于高杆之首，乘风喷出火焰和毒烟，熏灼守城敌人。

飞空沙筒是一种将二级火箭技术与喷筒火器相结合的新型火器，能飞去又可飞回，具有往返功能。它并非发箭杀敌，而是散布火种与毒沙。该筒用薄竹做管身，连药筒共长7尺。两个作动力的药筒分置于管前端左右。供飞去的药筒喷口向后，这个药筒的前面再连结一个长7寸、直径7分、内装燃烧药和细毒沙的药筒，沙筒前端安几根倒须枪；供飞回的火药筒喷口向前。（见图49）三药筒的火线依次连接。发射时，将其放在一根用毛竹制成的竹溜子上，对准敌船，点燃飞去药筒的引信。筒上的倒须枪刺在敌船篷帆上，喷射火焰和毒沙。敌方人员救火时，会被飞扬的细毒沙迷住眼目。接着飞回药筒火线点燃，火筒返回。

传统爆炸性火器在明代也有新的进展，品种门类很多，有的还使用了机械传动原理点火起爆。较著名的有击贼神机石榴炮、威远石炮、炸炮、慢炮、无敌

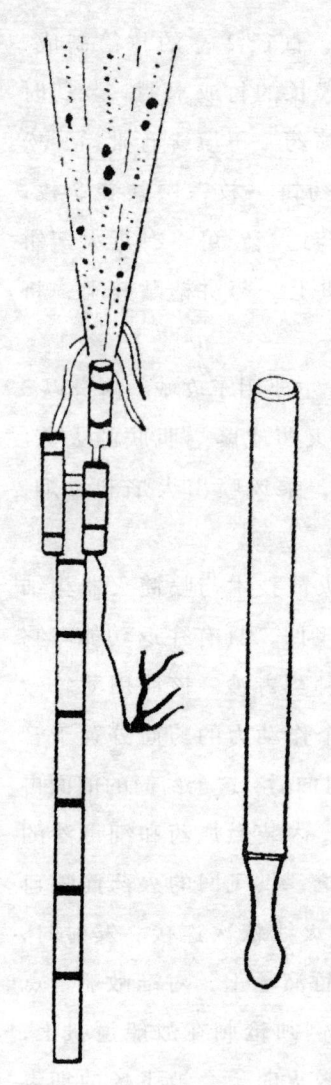

地雷炮、水底龙王炮等。

击贼神机石榴炮。生铁铸壳，状大如碗，上有一孔，内装火药、毒药，当满至壳体容积十分之六时，放一内置火种的酒杯，以铁盖塞住炮孔，壳上施白色和五彩花卉纹，弹体外形似石榴。临敌时可以手掷，也可以放置路边。敌人拾取或踩踏后，内置酒杯倾覆，火种滚出燃及火药，弹壳爆炸。该弹可以杀伤敌人，同时也能撒毒使敌丧失战斗力。

威远石炮。是一种用石凿制成的爆炸物。先把石料制成圆形，在石上凿一深孔，内装火药2斤、小石子100枚，再用一个大石弹塞住孔口。石上另开火眼装引线和发火装置，用沥青或黄蜡封固。这类石弹取材方便，造价低廉，可以大量制

图 49 飞空沙筒和竹溜子

造。山海关城楼现今还保存着一批这种石炮（见图50）。此类石炮多用于守城，待敌靠近时推下或抛出，杀伤攻城之敌；也可置于敌方必经之道，用长绳拉放。

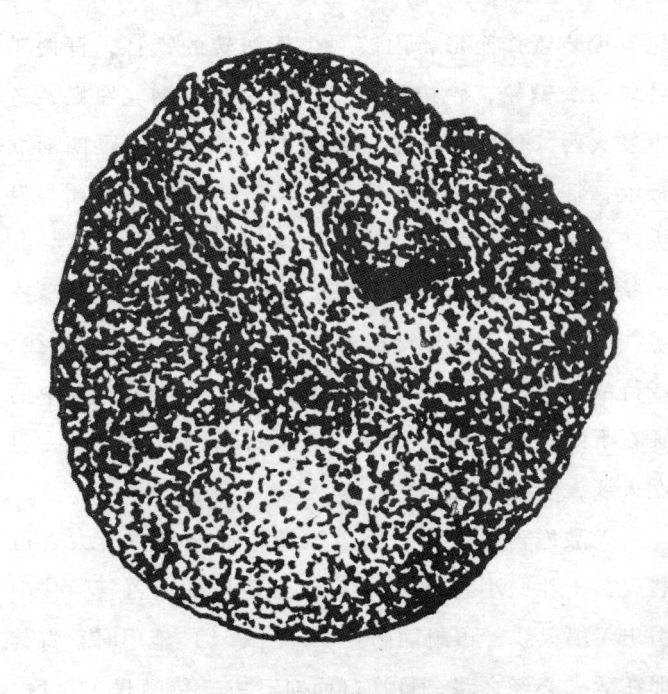

图 50　山海关所藏威远石炮

慢炮。据载这是明陕西三边守将曾铣发明的。炮体浑圆如斗，中藏机巧，可以使火线延烧 1~2 个时辰（合今 2~4 小时）才起爆。体表饰五彩花纹，以引起敌人的注意，当敌人聚观传玩时，弹在敌群中爆炸。这种炸弹可以延缓并相对固定爆炸时间，有点定时弹的味道。研究者估计，它很可能是采用香段计时。

炸炮。是一种地雷，生铁铸造，也可以凿石而成，铁者大小如碗，石制品体积不拘。炮中空，上留一手指粗的孔，填入炸药杵实。孔口插进一根小竹管，管内置一根引火线。使用时，用一长药线连接数个或更多的炸炮引线，长线则与钢轮火石引爆装置接通。钢

四　传统火药武器鼎盛时期

轮发火装置作匣形，内装一个能回转的铁杆，杆两头各装一个钢轮，轮边置火石，石内缘与钢轮紧贴，旁置发火药，杆中部固定一带砸石的长绳。木匣四面立板上，钻6或8个药线通孔，长药线即穿过钻孔与发火药相接。《武备志》记载了三种钢轮发火的方法。其一是，用两板托住主重砸石，板上钉一长针，针鼻拴游线，游线拉出匣外钉在远处地上。可用人扯动游线，或待敌方人马踏绊游线时，游线拉托板外撤，匣中的砸石下降，带动钢轮转动，与火石急剧摩擦发火，引燃火线，导致群雷轰然爆炸。

无敌地雷炮。炮壳用生铁铸造成圆球状，大者可装火药1斗，小者装3～5升。入药后插入竹管，从中引出3根火线，再封固药孔。（见图51）施用时，将其埋在敌人必经之路，竹管口面对己方，待敌进入雷区，

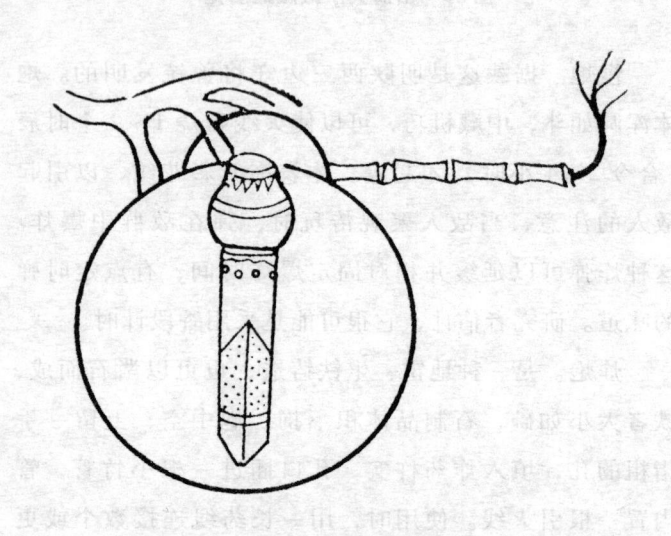

图51　无敌地雷炮

点燃火线，使雷炮爆炸。

水底龙王炮。是一种定时爆炸漂雷。以熟铁为壳，球形，重4~6斤，内装火药5~10升。炮上缚信香引火，炮外罩一层用牛脬制成的浮囊，以防水渗入。浮囊连结着充气的羊肠，肠口通到水面，接在一块饰以鹅雁翎的浮板上，不致熄灭火种。使用时，要根据水流速度和目标的远近，确定囊内信香的长短，然后点燃；再用石块将载有铁炮的木排沉入水中，使其悬浮，顺流漂去。待铁炮靠近敌船，香尽火发，炸毁敌船。

明王朝时期是我国传统火器发展的鼎盛阶段，其品种、数量都大大超越前代。火器的发展自然也带动了火药的制造。当时主要用石臼捣造，事先将硝、硫、炭选制好，然后按一定比例合成在臼内捶捣，成品为粉末状的细颗粒。据明军器监焦玉所著《火龙经》和戚继光《纪效新书》记载：明初铳枪药的配制比例为硝酸钾71.4%、硫磺14.3%、木炭14.3%，大炮药分别为78.7%、7.9%、13.4%。明中期这一比例得到调整，并采用了统一火药，其比例为硝酸钾75.8%、硫磺10.6%、木炭13.6%，与现代标准火药的比例75%、10%、15%相当接近。这时期，除北京是火药制造的重要基地外，全国大部分地区都建有火药局，专门负责火药的制造和存贮。

四　传统火药武器鼎盛时期

五　西洋火器的传入和影响

明代中后期，海外交通日益发展，西欧地区的某些商人、探险家、传教士和商品相继进入中国大陆。由于西欧地遥路艰，远处西方，故当时和后来的中国人俗称其为西洋，其地生产、创制的火器即被称作西洋火器。这一时期，西洋火器发展比较迅速，在造型、使用方法和性能上都有新的突破，比明代传统的火器技术进步。因此，当其中的佛郎机炮、鸟铳、红夷大炮通过不同途径传入大陆后，即受到有识之士及朝廷有关方面的重视。几经酝酿，明廷开始成批地仿制并装备到军队。中国古代火器的历史，开始进入学习外国先进武器的阶段。

1　佛郎机炮的制造

一般认为佛郎机炮的名字与佛郎机国有关，后者是指葡萄牙国。明人知道、了解此炮是通过葡萄牙人，因此当时人便把这种炮的名称冠以佛郎机字样，简称郎机或狼机。在习惯上，明人铳炮不分，它又往往被叫做佛郎机铳。其实，它是15世纪末至16世纪前期在西欧流行的一个炮种。一些文献和研究者皆称其为炮，我们在这里也采用此名。

关于佛郎机炮传入我国的时间，有多种不同说法，在有关文献记载中主要是三种。第一种是正德元年（1506年）说。陈祖寿编《福建通志·明外纪》载，正德元年有广东盗犯仙游县，义民魏升派儿子瑞周率乡勇数十人携佛郎机炮数百埋伏于漳林东湖，候敌至，神铳齐发，二三百人死伤过半；正德五年（1510年）九月，又有汀漳盗攻县城，魏升同典史黄琯以佛郎机百余攻之，风烈火炽，死者枕藉，擒陈四师等20余人。仙游知县侯绍岐在顺治十七年（1660年）辑录的《金沙魏将军壮烈志》中亦存相关记载。第二种是正德十二年（1517年）说。胡宗宪《筹海图编》卷十三记载，正德丁丑年（即正德十二年）顾应祥任广东佥事署海道事，通事（即翻译官）献佛郎机炮1个并火药方。第三种是正德十六年（1521年）说。《明史·兵四》、《续文献通考·军器》称，正德末年广东巡检何儒得到制造佛郎机炮的方法。有关研究者认为，正德末年即是正德十六年，当时何儒在同葡萄牙人的接触中学习了制造佛郎机炮和配制新型火药的技术，并联络了具有这方面经验的匠人，为明廷制造佛郎机炮打下了基础。

过去人们比较忽视第一说。最近有关研究者提出了新的意见，认为佛郎机炮的传入有多条路线和途径，由于古代信息传递不甚发达，传入后仅在某些地区流传使用，未及广为传布，正德元年传入说即属于这种情况。其最初由阿拉伯人带入福建，仙游人魏升学得佛郎机炮制造技术，并在正德元年、五年两次多量地在战斗中使用。后莆田县人林俊又从魏升处学得这项技术。据《王文成公全书》记载，正德十四年（1519年）朱宸濠叛乱，王阳明奉命前往镇压，林俊为支持王阳明，使人范铸佛郎机炮并手抄火药方，行3000里送到军前。该炮在战斗中发挥了良好作用。王阳明在感激之余，特作《佛郎机私咏》以及《书佛郎机遗事》，记载了有关情况。由此可知，佛郎机炮传入时间确实很早。至于明朝廷得到佛郎机炮和批量仿造，则是嘉靖初年的事。

《明史·佛郎机传》记载，嘉靖二年（1523年）葡萄牙人派5艘舰船至珠江口外锚泊。明官员为防止其无端寻衅，便禁止其上岛，不许中国人与其随意交往，严禁葡船载运中国军。专横的葡萄牙人抗命不遵，悍然炮轰明守军。明军当即反击，葡舰驶向广东新会西草湾。明指挥柯莱、百户王应恩率部抗御，经过激战，生擒葡军别都卢、疏世利等42人，斩首35，并缴获两只舰船和20余门佛郎机炮。明广东副使汪鋐将此战获取的佛郎机炮进献朝廷。炮运到北京后，朝廷上下大开眼界。过去中国传统火炮都是从前膛口装入火药和弹丸，费力费时。佛郎机炮则不同，它分为母炮、子炮两部分。母炮身管细长，口径较小，炮身铸有准星、照门，可瞄准射击。炮身后部开一长形大口，用以装填子炮。子炮实是一件已装填好火药与弹丸的小炮，一般备有5~9个，可预先装好弹药，战时轮流发射。这种炮在实战中射速快，机动性强，是传统中国火炮难以相比的。因此，一些大臣为改善明军的火炮性能，便上疏朝廷，建议依样制造佛郎机炮。明世宗下诏批准。《大明会典·火器》记载，嘉靖二年，明廷军器局首次造出大样佛郎机32副，发送各边地试用。母炮管身用铜铸成，长2尺8寸5分，重300余斤。每门母炮另配子炮（亦称短提铳）4把，轮流装入母炮药腹内，更迭发之。（见图52）《国榷》说，嘉靖三年（1524年）四月，南京也由朝廷批准，开始仿制佛郎机。嘉靖九年（1530年）九月，已升任都察院右都御史的汪铉上奏朝廷，请求大规模仿造佛郎机炮，以加强和改善北部边防军队的火器力量，得到批准。自此以后，佛郎机炮成批造出，成为明军火器的重要炮种。需要说明的是，所谓仿制是对佛郎机炮基本结构和原理的学习，并非只是在外形上一味模仿。明代大量使

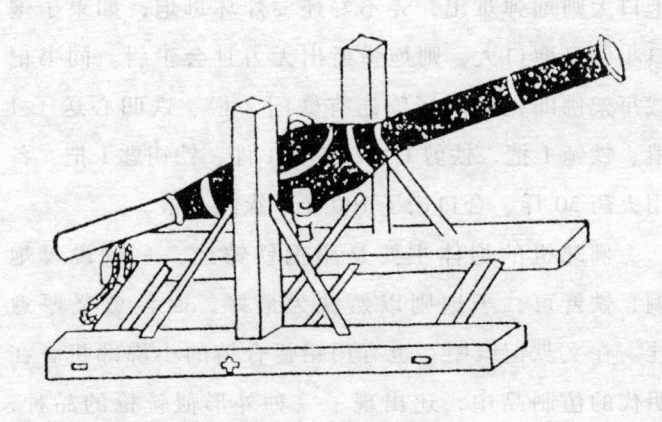

图52 大样佛郎机炮

用的和今天所能见到的佛郎机炮实物，都是明人学习后加以改造的品种，形制上具有鲜明的中国特色。

明代制造佛郎机炮的时间很长，产地、制造部门多有不同，因此明代的佛郎机炮形制非常复杂，有关文献的记载也颇有分歧，这里仅能择其要而言。

《筹海图编》卷十三载，当时制造的佛郎机母炮共分为5个型号：一号，体长9～8尺，铅子每丸重1斤，用火药1斤；二号，体长7～6尺，铅子每丸重10两，用火药11两；三号，体长5～4尺，铅子每丸重5两，用火药6两；四号，体长3～2尺，铅子每丸重3两，用火药3两；五号，体长1尺，铅子每丸重3钱，用火药5钱。每架母炮配子炮3～5个。一、二、三号佛郎机炮可用于舟、城、营、垒，四号可用于行营，五号只可为玩具。戚继光《纪效新书》卷十五谈到铸造佛郎机炮的注意事项：第一，母炮炮管要长，长直则利于远射。第二，母炮、子炮的口径应分毫不差。子炮口大则炮弹难出，弄不好还要炸坏母炮；如果子炮口小、母炮口大，则炮弹射出无力且会歪斜。同书记载每架佛郎机的附属物还有铁闩2根、铁凹心送子1根、铁锤1把、铁剪1把、铁锥1件、铁钥匙1把，备用火药30斤、合口铅子100个、火绳5根。

佛郎机的炮体主要是用铜铁铸造，一般说母炮铜、铁皆可，子炮则以熟铁为最好，而且愈坚厚愈佳。在文献记载中，也有用铅锡合铸的小佛郎机。在明代的仿制品中，还出现了一种外形似铳枪的品种，称万胜佛郎机（见图53）。其管身长1尺6寸（不包括后部装填子炮的开口部分和把手），管首设照星，后部填子炮开口处置铁销，管尾有照门和把手。配子炮3套，每套3个，置于皮袋内携带。子砲长1尺7寸，装药3钱，铅子重3钱。使用时需3人配合，1人掌握带铁环的枪架，1人依托瞄准发射，1人装填弹药。射速较高。

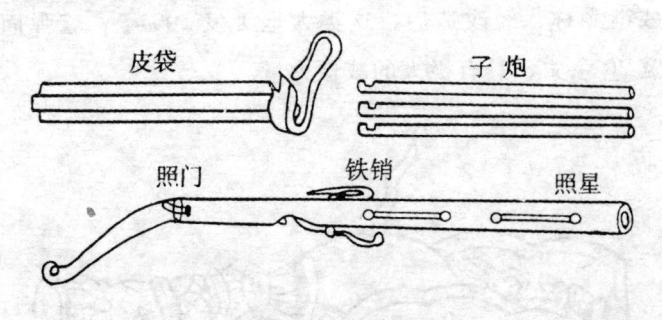

图53 万胜佛郎机

佛郎机炮的传入对明后期火炮的制造产生很大影响。在这一时期的火炮中，有一些炮虽然不叫佛郎机炮，但亦是按"狼机之制"造出来的。如飞龙炮（亦称飞龙铳），因其射程很远，如飞龙出游，故得此名。该炮形体巨大，分大、小两号，大号母炮最长者为2丈7尺5寸，配子炮3门；小号母炮最短者长1丈6尺5寸，配子炮5门。平射可达7~8里，仰射射程最远达30余里，实为前所未见。

还有一些炮为提高其性能，也改为佛郎机式。如铜发熕，是我国传统大型火炮之一，体重1000余斤，能装多量火药，可发射4斤重的弹丸。发射时，炮手要挖土坑，以躲避强烈的炮风伤害。而且该炮体长难移,装药时炮身直起,非数 10 人莫举。戚继光深感这种炮体大笨重,机动性差,于是便用佛郎机的结构原理对其加以改造。改制后的发熕仍用旧名,炮后腹结构与佛郎机母炮相似,再配子炮 3 个。发射时按目标要求,用木枕调整射角,然后装入子炮,发完之后取出,再发另一炮,整个过程一人即可完成。(见图 54)戚继光称,经改造后,这类大炮 1 发 500 子,着弹面宽 20 余丈,具有极大的威慑力量。

图 54 铜发熕

明代有关文献记载,当时朝廷的军器局、兵仗局曾制造大量佛郎机炮,各地方经朝廷批准也铸造了相当数量此炮。据戚继光《练兵实纪杂集》卷六载,戚继光镇守长城城防时,每座敌台配备佛郎机母炮 8 架、子炮 72 门,车营每营配备佛郎机母炮 265 架、子炮 3304 门,轻重营每营配备佛郎机母炮 160 架、子炮 1440 门。仅长城边防的一个局部就有这样多的佛郎机炮,那么全国军队和城防所用的佛郎机炮数量就可想而知了。但令人遗憾的是,遗存至今的无论是传世品还是考古发掘品实物并不多见。

据有关研究者统计,现存单体佛郎机母炮约10件左右。中国历史博物馆收藏1件,铁质,炮体通长151厘米,口外直径9.1厘米,口内直径5.2厘米。炮身中部有圆耳轴1对,后部为巨腹,上有长方形开口,即装纳子炮的装弹室。方口长27厘米,宽7.8厘米。炮尾长21厘米。有箅,箅外径9厘米,内径5.5厘米,深14.5厘米。器身无铭文。该炮是现知形体较大的佛郎机母炮实物。

日本东京游就馆收藏1件,铁质,通长131厘米,口径3.2厘米,炮身铸铭文"万历十年正月日,匠易二,天五号"。万历为明神宗年号,十年即1582年。传此炮为明军带到朝鲜半岛之物,17世纪日朝战争时,日人加藤清正将其带到日本。

北京首都博物馆藏有多件佛郎机母铳。一件系马上佛郎机母铳,1970年11月在北京西四铁辘轳把胡同出土,通长74厘米,口径3厘米,尾部刻"柒千捌佰陆拾壹"、"嘉靖甲辰年兵仗局"字样。嘉靖为明世宗年号,甲辰年为嘉靖二十三年(1544年)。一件系流星炮母砲,这种炮的名字虽然不同于佛郎机,但其"式如佛郎机"。据《大明会典》记载,嘉靖七年(1528年)兵仗局曾用黄铜铸流星炮160副,每副子炮3个,分发各边地试用。首都博物馆这件母炮也是铜质,通长120厘米,口径4厘米,上有铭文为"胜字壹千贰拾壹号流星炮筒,嘉靖辛卯年兵仗局造"。系嘉靖十年即公元1531年铸造。还有几件铜质佛郎机母炮，其中一件通长91厘米，口内径4厘米，炮身有嘉靖二十八年（1549年）铭款，编号为"胜字四十二号"。另外，1985年首都博物馆的一次展览曾展出一件北京延庆县出土的铜佛郎机母炮，形体较大。

单体的佛郎机子炮实物也比较少，分为中样佛郎机子炮、流星炮子炮、马上佛郎机子炮三种。

中样佛郎机子炮实物有5件。其中中国历史博物馆藏2件，皆为铁胎包铜。一件长29.5厘米，口外径4.8厘米，口内径2.4厘米。管身有箍5道：第2、4箍上有隆起的方钮，钮上有洞眼，原应有铁棒贯穿其内作为提手，今铁棒缺失，但洞眼内尚保存铁棒残痕；第4、5箍之间为药室，长约6.1厘米。药室上有火门，尾部作台阶状，以便用铁栓贯连在母炮上，炮身上有刻铭，为"胜字贰千柒百贰拾贰号，佛郎机中样铜铳，嘉靖癸巳年兵仗局造，重拾斤"。癸巳年为嘉靖十二年，即1533年。该子炮系1930年在河北宣化龙关大白阳堡征集。另一件形制与此件基本相同，亦为兵仗局同年所造，唯编号为"胜字贰千肆百伍拾壹号"，重量为"玖斤肆两"，是1937年河北赤城县李成德捐赠给历史博物馆的。河北省蓟县黄崖关也出土过一件中样佛郎机子炮，为万历二年（1574年）兵仗局造，铜质，保存完好，所存把手是曲形棒，炮身刻铭为"胜字壹万玖千壹百拾□号，□□中样铜佛郎机，万历二年兵仗局造"。1978年10月，辽宁省辽阳县兰家堡子村也出土了两件佛郎机中样子炮。其中一件通长29.3厘米，口径2.7厘米，由前膛、药室、尾端3

部组成，短颈大腹；前膛身外围4箍，在第2、4箍上穿一铁条；炮管内加套铁管，即所谓铁胎包铜；药室呈椭圆形，上有药槽、药门和护盖；尾端实心；炮身上刻"胜字陆千贰百柒拾肆号佛郎机中样铜铳，嘉靖辛丑年兵仗局造，重捌斤捌两"。（见图55）该炮系黄铜铸造。另一件形制与此相同，仅径稍粗，铭文为"胜字陆千肆百肆拾叁号佛郎机中样铜铳，嘉靖辛丑年兵仗局造，重玖斤捌两"。辛丑年即嘉靖二十年（1541年）。两器同为该年兵仗局所造，质地、大小与中国历史博物馆所藏两件相似，只是晚铸9年。

图55　辽阳出土中样佛郎机子炮

　　流星子炮已知现存三件。一件藏北京首都博物馆，通长30.9厘米，口径2.5厘米，铭文为"嘉靖庚寅年造流星炮，重柒斤肆两"。另两件发现于河北省赤城县长城脚下，其中一件通长29厘米，口径2.7厘米，铭文为"胜字捌百拾捌号流星炮，嘉靖庚寅年"；一件通长29.5厘米，口径2.6厘米，铭文为"胜字捌百贰拾贰号流星炮，嘉靖庚寅年造"。庚寅年为嘉靖九年（1530年）。三器皆为该年制造，估计亦应由兵仗局颁发。

　　马上佛郎机子炮，目前仅见到两件实物。1984年

5月在北京市延庆县永宁段长城上发现。二者大小相同，通长15.4厘米，口径2.8厘米，座底径3.6厘米，长颈，短圆腹，通身置箍4道，半圆形尾座外侧都刻有"嘉靖庚子年兵仗局造"字样。编号和重量一为"马上佛郎机铳贰千肆百肆拾号，重壹斤拾两"，一为"马上佛郎机铳贰千伍百伍拾柒号，壹〔斤〕拾贰两"。（见图56）《大明会典》卷一百九十三记载，明军器局曾在嘉靖二十三年（1544年）造马上使用小佛郎机1000副，显然就是延庆出土的这种马上佛郎机。庚子年即嘉靖十九年（1540年）。

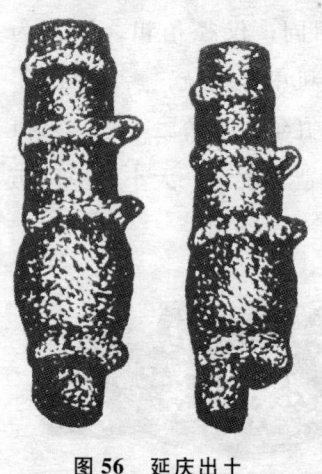

图56 延庆出土马上佛郎机子炮

至于佛郎机母炮与子炮配套的实物，笔者仅知两例。北京首都博物馆藏嘉靖十年（1531年）流星炮1套。母炮刻铭为"胜字捌百伍拾玖号流星炮筒，嘉靖辛卯年兵仗局造"，子炮刻"重陆斤拾贰两"字样。另一例于1984年在河北省抚宁县城子峪长城敌楼内出土，计母炮3支、子炮24个，可分作3套（见图57）。均为黄铜铸成。母炮重4公斤，长63厘米，管口径2.2厘米，最大外径6厘米。填置子炮的长方修口长11.8厘米，宽3.8厘米。管正面皆刻"嘉靖二十四年造"字样，3支所刻编号分别为，"胜字一千一百四十八号"、"胜字二千三百四十八号"、"胜字四千二百五十九号",亦皆刻"隆庆四年京运"字样。子炮重0.8公斤,通长15.5厘米,口径1.6厘米,最大外径3.5厘米,尾端为一半月形扁舌,管正面铸有两个提梁耳,管上也分别刻有不同的编号。这是一种小样佛郎机,为兵士随身携带的武器。其尾部安装直木柄,长度在40~50厘米之间,实际是一种铳枪式的佛郎机炮。管内可填火药40克,铅弹160克。使用时,将子炮装入母炮修口内,用一略带斜度的钢锁板插入母炮锁板孔,压住子炮尾端半月形扁舌,以防燃放时子炮外跳。射击完毕,抽出钢锁板,取出子炮,以备再用。这种小样佛郎机炮有效射程可达150~200米,是一种威力较大、机动性较强的火器。据铭文可知这批小样佛郎机炮造于1545年,隆庆四年(1570年)调运抚宁县城子峪,装备该地长城守军。

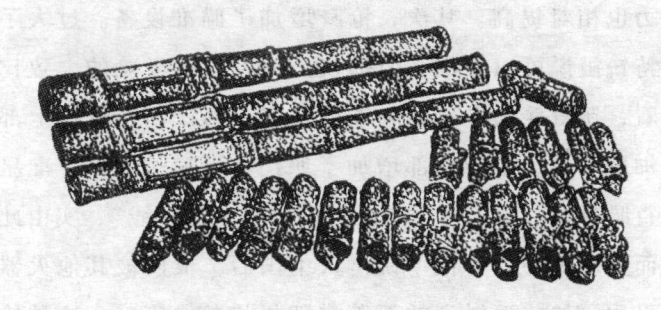

图57 抚宁出土小样佛郎机

如前所述,佛郎机炮比传统中国火器有较大优越性。在管形金属枪炮发明后,很长一段时间都是从前膛口填装弹药,需以铁钎入药,槌实,再装弹。每发射一次就重复一遍,既不方便又费时间,很容易错过战机。佛郎机式火器则在某种程度上改变了这一状况，它是一种母、子复合体，子炮可以战前预装火药和弹丸，准备多个，使用者可以轮番将其装入母炮燃放，从而大大提高了炮及枪的发射效率。可以说它在管状金属枪炮史上起了承前继后的作用，是前装枪炮向后装枪炮过渡的重要一步。正是由于认识到了它的进步性，明代后期才创造出大批花样繁多的佛郎机式火炮。

辗转而来火绳枪

火绳枪又称鸟铳，是欧洲人发明的一种手持射击的单兵武器。与明代手持铳枪相比较，它有很多优点。首先，这种枪的管身细长，口径较小，火药能够在管内充分燃烧，因此射程要比传统手铳远得多，穿透能力也相对提高。其次，枪身增加了瞄准设备。过去手持铳虽说可以瞄准，但那仅是一种根据经验的大致比看，铳身并没有可供瞄准的装置；鸟铳则在枪口上部加置准星，枪管后部增加了照门，可通过照门、准星直瞄目标。现代枪支瞄准的口诀"三点一线"，实由此而生。这种设置在鸟铳传入中国后，很快被其他火器采用，如前面提到的万胜佛郎机炮等。第三，这种枪的手柄也发生了很大变化。过去手持铳枪都是一根直木棒，以手把握多适于胸部以下，很难拿到眼面部位瞄准；鸟铳则把它改为弯形枪托，有利于瞄准时把握。第四，燃放方式变化更大，传统铳枪全是射手手持火绳点燃铳上发射火药，一手持枪，很容易使枪身歪斜。

戚继光在《练兵实纪杂集》中曾批评这种燃放方式，认为要想打得准就需两手持铳而以指发机。鸟铳正做到了这一点，改为枪机发火。枪机是一个金属弯钩，一端固定在枪身上，另一端夹钳一根火绳。使用时先将夹钳的火绳点燃，然后扣动枪机另一头，夹火绳一端便落入药室将火药点燃，射出弹丸。第五，由于上述构造、性能的变化，鸟铳的射击姿势也发生了变化，由两手把持变成一手前托枪身、一手后握曲形枪柄，既增加了枪身的稳定性，又适合利用瞄准设置，使射击精度迅速提高。《练兵实纪杂集》中说，因为它打得准，可以射落飞鸟，故得名为鸟铳。另有人说，其枪机独特，形似鸟嘴，故又称鸟嘴铳。欧洲人则称其为火绳枪。

这种枪出现后，在欧洲推广很快，并于16世纪中叶传入日本。《南浦文集》载，日本天文十二年（1543年）八月的一天，有一艘葡萄牙人的船只来到日本的种子岛，船上的人携带着一种岛上人从来没有见过的铳枪，枪长2~3尺，上有一细长中空的直管，后部有一塞栓，其旁有一孔穴，是通火之处。射击前，先把火药装入枪管内，再填入一个小铅团，然后由射手向岸上的立靶瞄准进行射击，点火后射出的火像掣电之火，声如惊雷，闻声莫不以手掩耳。岛人十分爱慕，便请葡船上的人传授该枪的使用、制造方法和火药制法，并买了两支作为样品。从此，日本人开始了鸟铳的制造。天文十三年（1544年），日本江州的著名工匠国友锻冶对鸟铳进行了改造，制出闭锁螺栓，使鸟铳枪尾的闭气问题得到较好解决,此后便开始批量制造和出售。

其时,日本一些失意武士、不法商人和非法移民,在封建主大名的支持、怂恿下经常骚扰我国沿海和朝鲜半岛地区,形成明后期危害甚烈的倭患。鸟铳即是这些人经常使用的武器之一(见图58)。这时倭寇所用鸟铳,已比欧洲的最初制品有优越之处。欧洲枪管散热性能差,连发 5~7 枪,枪管温度便提高,如果再填入弹药,炽热的枪管很容易发生炸膛现象。日本鸟铳枪管散热性能较好,可以连续发射而无炸膛之忧,给当时人印象很深,故这种枪又被称为倭铳。

图58 入侵朝鲜半岛使用鸟铳的倭寇

中国人接触鸟铳要比日本人早一些,嘉靖二年(1523年)广东新会西草湾战斗时,明军曾缴获葡萄牙人的鸟铳——火绳枪,但因其质量不高,未能引起明人重视。嘉靖二十七年(1548年),朱纨任浙江巡抚兼提督福建军务。其时海盗李光头、许栋等人勾结倭寇，以宁波附近海面的双屿岛为据点，横行劫掠。朱纨封锁宁波海面，发兵围剿双屿岛，杀李光头等96人，同时缴获倭铳——鸟铳以及能制造该枪的工匠。事后，朱纨虽因诬陷被迫自杀，但他的战利品日本鸟铳却受到有关方面的重视。经过一段时间准备、学习，明人开始大量仿制。由于重视工艺、选料，制出的成品比日本鸟铳还要"精绝"。

《大明会典》载，仅嘉靖三十七年（1558年）兵仗局便造出鸟铳1万支。《筹海图编》和《兵录》详细记载了当时制造鸟铳的工艺规格和程序。鸟铳的主要部件是铳管和铳床。铳管工艺要求最高，管铁用10斤粗铁和1斤精铁炼制而成，制作时先卷成比例适当的一粗一细两根铁管，以粗管包箍细管，使细管外壁紧密贴实粗管内壁，然后再用钢钻钻切细管内壁，由于钻磨精细，每工1天只能有1寸左右的进度，1个月左右才能制成1支。管前端置准星，尾部设照门，二者必须对准，不能有一丝一毫的歪斜。药室在管尾，其上设螺丝闭气装置，要求螺钉栓要严丝合缝地拧入管尾有螺纹部，不能泄漏火药气体。火门设有可以活动的火门盖，以防风雨和杂物混入，保持药室内火药干燥清洁。枪管制作装配好后，即把它嵌入有凹形管槽的铳床上。铳床用致密坚韧的木料制成，其上部平面刻出一道恰好容纳枪管的凹槽，后部镶接约7寸长的弧状铳柄，并配以发火用枪机。床侧置一根搠杖，是装填弹药和清刷枪管的工具。（见图59）一支鸟铳制成后，要进行3次以上的试射，合格后才能交军队使用。

五　西洋火器的传入和影响

鸟铳

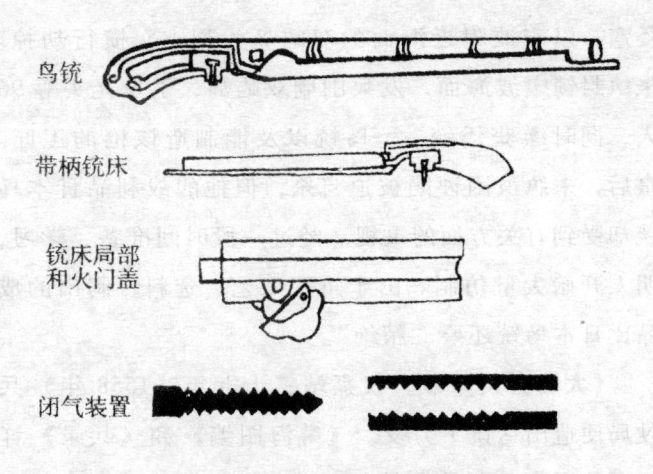

带柄铳床

铳床局部
和火门盖

闭气装置

图59　鸟铳有关部件示意图

在文物考古工作中，这种鸟铳实物已有发现。如1978年在辽宁辽阳出土的一批明代火器中，即有三支鸟铳铁铳管，一长两短。长铳管通长87厘米，口径1.4厘米，管上有瞄准用的望山、准星，后端右侧铆一半圆形的药槽，内有一孔，估计可能是火门。该枪的木床以及木柄已经腐朽不存（见图60）。同出三件其他火器镌有铭文，最晚者系辛丑年即嘉靖二十年（1541年）兵仗局制造。结合有关文献记载，估计这三件鸟铳是嘉靖末期的产品。

鸟铳的传入、改造以及批量的仿制，对中国古代单兵使用的铳枪产生重要影响，后来发展成为明

图60　辽阳出土鸟铳铁管

军单兵装备的主要射击火器，在使用过程中又不断借鉴其他铳枪或外来枪支的优点，创制出多种多样的单兵火器。

子母鸟铳，又称子母铳或子母炮。它是在明军大量装备鸟铳后不久军中出现的一种外表形式与鸟铳相似的单兵射击铳枪。这种枪的铳管、口径、枪机、铳床等件，大致都与鸟铳同类部件相同，但装填弹药的方法则采取了佛郎机式。何汝宾《兵录》载，因鸟铳枪管长，从前膛口装药速度比较慢，所以在其外形大致不变的情况下，利用佛郎机的构造对其后部药室进行了改造。方法是：废弃原药室，将枪管后部打开，制成铁槽形，用来装填子铳；按开口大小制出长7寸、重1斤的子铳，子铳上置一有孔铁牌，用其作拿取子铳的擎手，牌孔用来对照母铳前端的准星，孔大小与母铳照门对应，子铳口与母铳槽必须贴紧，以防发射时火药气体泄出；母铳口前增装短剑1把，长1尺8寸，不用时可取下装入木函待用，安剑后铳总长约5尺（图61）。1支母铳配4支子铳，如短兵相接可插上短剑与敌人肉搏。据说这种铳枪射击性能良好，连续发弹上百发也不会炸膛，作战适应性较强，在构造、使用方式上已有点近代步枪的味道。

明万历年间（1573～1620年），对外国火绳枪的学习、仿造又有新的进展，其中赵士桢的贡献最为突出。他虚心求教，广搜博采，仿制出多种经过改制的火绳枪。鲁密（我国对罗马的古称之一）铳即是其中之一。赵士桢小时候，在祖父那里听说有一种鲁密备

五 西洋火器的传入和影响

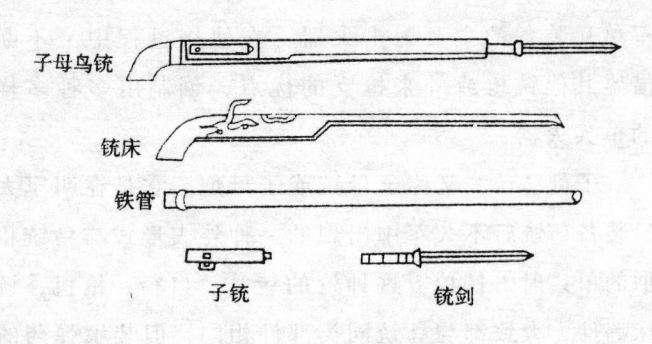

图 61　子母鸟铳示意图

铳，重量轻，威力却很大，但一直没有机会见到实物。万历二十五年（1597年）的一天，他和武举把臣、把仲兄弟比较射技，无意中知道他们的父亲把部力是鲁密国的贡使，前来进献狮子，被留住在北京；他们的义伯朵思麻，正好是该国管理火器的官员。于是，赵士桢立即通过把部力去找朵思麻，朵思麻便把他随身带来的鲁密铳拿出。该铳实际就是火绳枪——鸟铳的一种。赵士桢试用后，认为其操作比倭铳更简便，但威力过其数倍，遂虚心向朵思麻学习制造这种鸟铳的方法，并加以改进，简化了发射程序，自筹经费进行试制。朵思麻检验制成品，给予好评。《神器谱》卷二记载，仿制的鲁密铳重6~8斤，长6~7尺，扳机、机轨分别用铜和钢片制成，机头和机轨安于枪把上，并在发机处安一个1寸多长的小钢片增加弹性，使枪机指捏则落、指抬则起；铳管用精炼的钢铁片卷成，一大一小套结，再用钢钻加工，管尾内壁旋出螺丝扣，配上螺栓；然后依次装好药室、准星、照门、枪托等。该铳入药量较大，可装火药4钱，发射铅弹重3钱。

据说铳尾还安有钢制刀刃,在近战时可当做斩马刀用(见图62)。当时的巡按杨宏科极口称赞赵仕桢制作的这种鲁密铳。万历二十六年(1598年),赵士桢将其进献朝廷,受到重视,后被批量制造。徐光启在天启元年(1621年)二月奏称,他曾领取2000支鲁密铳交军队使用,足见当时生产量不少。

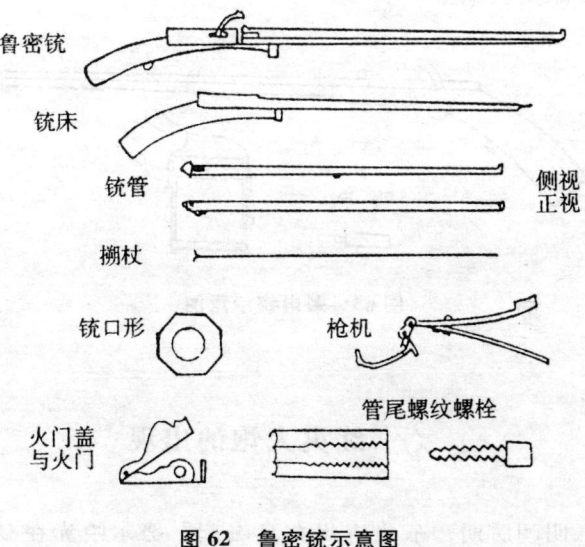

图 62 鲁密铳示意图

掣电铳是赵士桢兼采西洋火器之长而研制的又一单兵武器。欧式火绳枪身管长,射程远,但装填弹药麻烦;佛郎机备有预装子铳,填装迅速,但分量较重,单兵操作费力。掣电铳却扬长避短,兼有二者的优点。该铳通长6尺余,重6斤;铳管后部开有小室,是安放子铳的地方;子铳长6寸,重10两,内装2钱4分火药和2钱重的弹丸1枚。(见图63)每铳配子铳5

枚，装在皮袋中携带，临战时便轮流装入铳管发射。该铳是当时射速较快的一种铳枪。此外，赵士桢还借鉴外国火器制作了西洋铳、三长铳、鹰扬铳、九头鸟铳、连铳，同时也研制了具有传统火器风格的旋机翼虎铳、镢铳、锨铳、轩辕铳、迅雷铳、震叠铳等一大批火器，为中国古代火器的发展和中外火器的交流作出了重要贡献。

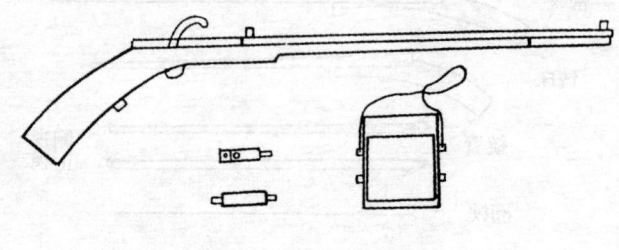

图 63 掣电铳示意图

8. 红夷大炮的出现

明朝后期，东北建州女真崛起，努尔哈赤在赫图阿拉（今辽宁省新宾县）称汗，建立金国，史称后金。明万历四十六年（1618年）四月，努尔哈赤公布"七大恨"，南下攻明。四月十四日，仅用一天时间，即攻下抚顺等三城500余座台堡，俘虏30万人畜。明辽东总兵张承胤率一万余人反击，全军覆没。明廷又派杨镐督率四路大军与后金展开第一场决战，不意在万历四十七年（1619年）又被努尔哈赤打得一败涂地，明军阵亡将领300余员、士兵45800余人。朝野震动，一些大臣纷纷提出各种策略以图抵抗后金。光禄寺少卿李之藻建议,用西洋大铳加强明城池的守备,得到徐光启等人的赞同。该年九月,明廷任命徐光启为詹事府少詹事兼河南道监察御史,练兵于通州。徐光启便委托李之藻等人办理购买西洋大铳事宜。

所谓西洋大铳,实际就是欧洲的大型火炮。17世纪初,欧洲火炮的制造有了较大的发展,制式、规格已逐步走向统一。英国的制式火炮有16种,分为攻城、岸防、野战炮3类,其中野战炮又分为轻、中、重3型,口径为2.54～21.6厘米,炮重300～800磅,弹重0.5～66磅,装药量0.75～30磅,射程300～2600米。

李之藻对欧洲自然科学多有了解,有《新法算书》、《天学初涵》、《同文算指》等译著,并曾通过意大利传教士利玛窦学习西方的火器技术,深知西洋火炮的性能。因此,他在收到徐光启购买西洋大铳的信函后,便与杨廷筠合议捐资,遣门人张焘赴澳门采办。在明朝官员和西商的热心帮助下,买到4门西洋大铳,运抵广州。同行的有善于造炮的匠师4人,通事6人。该年十月,张焘自筹资费,将大炮运到广信府(今江西省上饶县)。这时,徐光启因练兵之事处处受到掣肘,告病乞休。李之藻担心大炮交与不可知之人,不能珍重,万一被敌人得到,反而会给国家带来祸患,因此这件事便搁置下来。天启元年(1621年),李之藻上《奏为制胜务须西铳乞敕速取疏》,请求朝廷发给勘合一面,差人前往广信府,将4门西洋大炮押解来京，同时诏谕善于造炮的西洋人前往报效。奏疏得到皇帝批准。该年十二月，4门炮押送到北京。此后，又先后购入26门，其中22门是两广总督胡应台经办的。

中国历史博物馆藏有两尊形制完全相同的大型红夷铁炮，为前装滑膛炮，通长3米，口内直径12.5厘米，尾部收敛有球形突起，中部有横出的1对耳轴。两炮原来安置在北京旧城垣上，1931年它们连同其他一些铜铁炮被拨给历史博物馆筹备处，即现中国历史博物馆前身。现两炮保存大致完好。（见图64）经该馆周铮先生考证，这两门大铁炮便是上述明廷所得30尊西洋大铳中的两尊。两炮炮身原镌刻铭文，一尊已完全剥蚀，另一尊尚有残痕。据馆藏此炮旧拓片可以看出，所刻款铭为："天启二年，总督两广军门胡，题解红夷铁铳二十二门。"其左下方刻有编号，一为第六门，一为第十四门。刻款中的"题"是题缄，"解"是解送。"总督军门胡"，即胡应台，万历二十六年（1598年）进士，天启二年（1622年）三月任两广总督。据有关文献记载，胡应台经办的这批大炮运解北

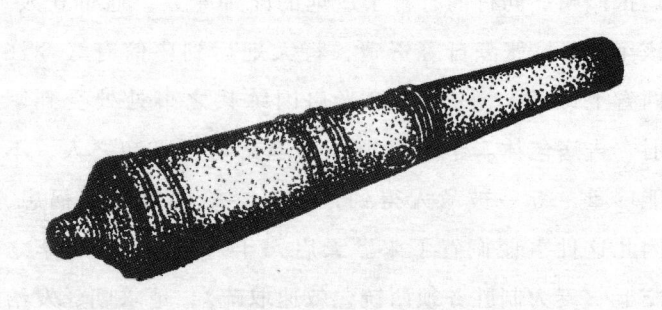

图64　中国历史博物馆藏天启二年红夷大炮

京时，还有西洋人7名、通事1名、傔伴16人。到京后，明廷有关部门便组织人进行试射，为此还制出三条规定：第一，防奸细，加强保密，防止消息泄露；第二，选拔100名先锋，向夷人学习炼药、装放等发射红夷炮的方法；第三，给夷人、通事、傔伴诸人以优厚待遇，派人估价买办硝磺物料器具。在试射中，除一门火炮发生炸膛事故外，其他大炮的性能非常良好。于是，兵部尚书董汉儒等人便奏请皇帝，分发山海，听辅臣收用。

那么，这些红夷大炮到底是欧洲哪个国家的呢？此炮名为红夷，与明人当时对荷兰人的称呼相同。但研究者认为，这些炮不会是荷兰人的，在明朝廷购炮期间，荷兰人正在围攻澳门的葡萄牙人，不可能再将大炮卖给中国。后来查阅当时文献，发现红夷炮除作为荷兰炮的专称外，有时也作为外国同类大炮的通称。中国历史博物馆所存两尊红夷大炮炮身皆铸有盾形徽章，章上部中间为田形方格，内有王冠、狮各二，两旁为两个舵轮，下部为三艘多桅船（见图65）。这是英国东印度公司的徽章。因此这两尊大炮无疑是英国

图65 中国历史博物馆藏红夷炮徽章及线图

的产品。据《汤若望传》叙述，1620年张焘赴澳门购炮，葡属澳门当局立即送大炮4尊，并派炮术技师4名；但在广东，炮师被扣，大炮亦只运到江西。后来，张焘等人再次到澳门，正式请求遣派大炮、军队和炮师，而这些大炮则是先一年从一艘在澳门搁浅的英国船上拆下来的，共30尊。这大约就是明廷最初所得30门红夷大炮的由来。

据有关文献记载，这些大炮除炸坏者外，北京留下18门，另外11门送往明军东北前线，在抗击努尔哈赤的战斗中发挥了很大作用。天启六年（1626年），后金军队进攻宁远城，明守将袁崇焕坚城据守，后金军便将城池团团围住。这时，袁崇焕的家丁罗立已掌握装炮和施放方法，他看到敌人立营未稳，即用一门红夷大炮对准距城5里扎营的后金兵一炮打去，当场毙敌数十人。惊恐的后金军被迫移营后撤。战斗中，红夷炮显示了更大的威力。当时，后金军如往常一样，采用牌车攻城。所谓牌车，是一前方有5～6寸厚木挡板的楯车，其上裹有层层韧性很强的生牛皮，一般火器很难穿透挡板。后金兵在与明军的多次战斗中，都是以它为掩护攻城。当明军第一次火器刚刚发射完，藏在牌车后的弓箭手便万矢齐发，然后重铠铁骑再行猛冲。这种战法在过去的战斗中屡屡奏效。但在宁远之战中情况则不同了，明军火器中有穿甲力很强（相对当时其他火器而言）的红夷大炮。后金军不知道红夷炮的性能，依旧毫无顾忌地密集在牌车之后蜂拥攻城。这样，城上所安11门红夷大炮的威力得以充分发挥。明军将领指挥大炮不停射击，如同摧枯拉朽，使后金军伤亡惨重。加之袁崇焕身先士卒，指挥得力，兵将用命，歼敌 1.7 万余人，终于击败了后金军队。努尔哈赤自 25 岁兴兵，戎马 43 年，每战必克，惟宁远之役大败而归。有一种说法，讲努尔哈赤即是在此战受伤，不治而亡。明军宁远大捷的因素是多方面的，天时、地利、人和都有，但不能不说红夷大炮的使用也是得胜的重要因素之一。消息传到京师，明廷上下兴高采烈，明熹宗除赏赐有功人员外，还特封红夷大炮为"安国全军平辽靖虏大将军"。

西洋火炮的优越性能在宁远之战中得到表现，因此屡屡有人上书请求仿造，明廷也发出过"多造之旨"。崇祯年间，德国传教士汤若望曾在京师为明廷造炮，第一次铸成 20 门西洋炮，经试射性能良好，后又铸造 100～1200 斤重的各式西洋炮 500 门。虽然当时所造西洋式火炮数量很大，但目前所知有关实物数量却很少。1956 年在河北省石家庄市发现过一尊，铁质，为明崇祯十一年（1638 年）铸造，通长 1.5 米，重 500 斤。上铸铭文主要分为两节：一是讲卢象昇等人"捐助造红夷大炮"；二是说该炮装放药 1 斤 4 两，封口铁子一个重 1 斤，群子 9 个，如日久不放，每年须用稻糠煨润 1 次，试放用药 1 斤。据说该炮是石家庄解放后由商人从外地运来作为废铁出卖的，后来弃置在大街上无人过问。很可能这尊红夷炮原是晋冀北部明人御清的前线大炮。此外，山西省博物馆也收藏有

五 西洋火器的传入和影响

两门红夷炮,亦是卢象昇等人捐资制造,炮身铭文与石家庄红夷炮同。中国历史博物馆也藏有一门崇祯十二年(1639年)红夷大炮,"重伍千四百斤",出资者为洪承畴、高起潜等人。此炮是目前所知最大最重的明末仿造红夷大炮。

六 盛衰并见的大清朝火器

清朝统治阶级对火器的关注，源于后金时期，那时主要是仿造红夷大炮。清王朝建立后的一段时间内，还是如此。康熙继位后，由于镇压吴三桂等人的叛乱和统一全国的需要，火器的制造曾一度兴盛。

明清之际的战具

明清之际是旧王朝消亡、新王朝诞生的历史时期，战争是这段时间社会矛盾的主要表现，厮杀中的各方为取得胜利，都不同程度地把火药武器作为一种重要的威慑力量。由于农民军的火器主要是通过缴获得来，因此很难将其与明军火器区别开来。后金军最初也是如此，但随着军事冲突的加剧，单靠缴获明军火器已远远满足不了战时的需要，因此后金军在夺取的基础上也开始成批仿制。明王朝灭亡后，一些不愿降清的明臣，先后建立了几个小朝廷与清军对抗，对抗的利器之一便是火器。因此，这一时期火器技术与明后期大体相同。

后金天命七年（1622年），努尔哈赤下令：管4000人的汉官准备大炮8门、长炮80门，管3000人的准备大炮8门、长炮54门，管2000人的准备大炮5门、长炮40门。这里的"准备"似是指缴获物的分派，说明后金政权已开始注意火器的使用。宁远之战中（后金天命十一年，1626年），后金军受到重大挫折。传说努尔哈赤便是在进攻宁远（今辽宁兴城）城时，被红夷大炮打伤后不治而亡。皇太极嗣位后，从中汲取教训，积极支持火器的制造。据《皇朝文献通考》记载：太宗文皇帝天聪五年（1631年）正月，红衣大炮成，钦定名天佑助威大将军并镌于炮上，铭作"天佑助威大将军，天聪五年孟春吉旦造，督造官额附佟养性，监造官游击丁启明，备御祝世荫，铸匠王天相、窦守位，铁匠刘计平"。这标志着后金造炮的开始。这种炮实际即是明军的红夷大炮，只是女真人避"夷"字之讳，故改称红衣大炮。

皇太极命令督造红衣大炮的佟养性为昂邦章京，统管这支新成立的炮兵部队。由于女真人文化程度有限，一时难以掌握火炮的发射技术，所以炮手由抽调的汉人兵丁担任，很快这些大炮便用于战场。这年八月，皇太极率军进攻明军的大凌河，拼杀中双方曾展开激烈的炮战。后金火炮轰击城西南的敌台，摧毁敌楼2座、雉堞4处，迫使守台明军投降。后来，锦州来援的明军又受到后金军的阻击，战斗中双方火器齐发，声震天地，铅子如雹。最后，后金军使用红衣大炮摧毁了明军兵营，结束了这场战斗。大凌河明守军内无粮草，外无援兵，只得向后金军投降。同年十月，皇太极又命后金军一部，携红衣炮6门、将军炮54门，进攻明军的于子章台，炮轰3天，击杀明官兵57人，轰毁台垛，逼守军投降。附近明军闻之丧胆，或归降，或逃走。火炮的大量使用，使后金军如虎添翼，此后凡有军行，必携红衣大将军炮。

天聪七年（崇祯六年，1633年），皇太极先后招降明将孔有德、耿仲明、尚可喜，除缴获甲兵、骑乘、舟船外，还得到大批火器，其中即有30多门红衣大炮。这当中应包括明军从葡萄牙人那里得到而运往辽东的11门英式红夷大炮。归降的明军中还有许多火器匠师和熟练炮手，这为后金火药武器的进一步发展奠定了重要基础。1636年皇太极改元崇德，称帝，始建国号大清。崇德年间是皇太极在位期间火器制造的最重要的发展阶段。这时，清军开始了一场规模很大的造炮活动，积极准备入关的火器。史载皇太极在崇德七年、八年，曾分别委派梅勒章京马光辉、孟乔芳、金维城、曹光弼、固山额真刘之源、吴守进，铸炮牛录章京金世昌、王天相等人，在锦州铸造各式神威将军炮。铸造中明确规定每门火炮的自重、火药和炮弹的重量，较注意火炮、火药、炮弹三者的比配关系。

笔者曾见过两门崇德八年（1643年）造神威大将军炮实物。其中一门学人常有引用。该炮通长264厘米，内口径13厘米。由炮口观察其为铜镶铁心，即炮筒壁分为内外两层，内层为铁，外层为铜。铁心壁厚3.5厘米，铜壁厚6.3厘米，底径约48厘米。炮身后部阴刻满、汉、蒙三体文字，汉文为："大清崇德八年十二月□日造，重三千九百斤。"准星、照门已不存，但前后尚留长方浅槽，以备临时安放。火门受到相当程度的毁坏。铜铁合一的火炮筒在我国明代后期出现，明人铸造的佛郎机子炮已采用，一般称为铁胎包铜。但像清初的这种大型铜铁炮筒实为前所未见，它有效地利用了铜铁的不同物理性能，增加了炮体的抗压强度。该炮现存放在北京故宫午门外左掖门前砌筑的炮台座上。

另一门极少有人提到，未见文字报道，但也是一件极有价值的清初火器重器。该炮通长305厘米，内口径13.5厘米。从炮口观察也是一门铜镶铁心大炮，铁心壁厚4.3厘米，铜壁厚4.5厘米，底径39厘米。炮口外侈，由6道凸棱组成，其中第5棱上镶有带孔的长方形小铁块，第6棱对应侧边有一小洞孔，估计是插置准星的地方。炮身有固箍6道，箍由多条弦纹组成，当中一条较为粗大。炮身第6道箍与炮尾凸起处之间是药室，其上有一圆形药孔，没有遮盖火门痕迹。炮尾侈出，凸出的棱上铸置照门，为一中部有孔的长方形体；尾后中心部位铸炮钮。（见图66）该炮炮身后部镌满、汉、蒙文6行，中间两行汉文为："神威大将军，大清崇德八年□月□日造，重四千斤。"这是目前所知唯一一门崇德年间自铭神威大将军的火炮实物，为当年锦州所造无疑。该炮现存放在北京故宫西华门内。

1643年皇太极去世，6岁幼子福临即位，年号顺治，其叔父多尔衮及济尔哈朗摄政。顺治元年（1644

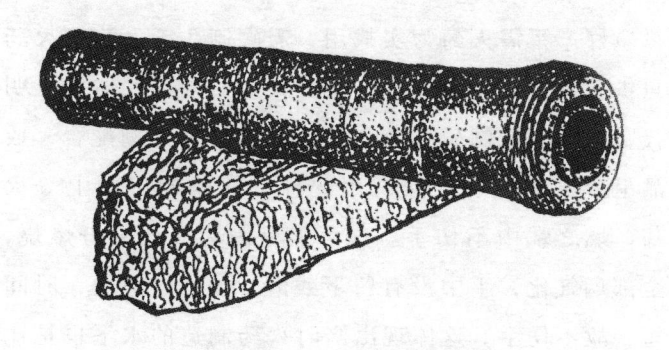

图66 清崇德八年神威大将军炮

年），清军入关，击败李自成农民军，定都北京。这时期火器的需要量大大增加，仅清初八旗就设有多座炮厂：镶黄、正白、镶白、正蓝四旗，在镶黄旗教场空地各建厂房35间；正黄、正红两旗，在德胜门内各建厂房30间；镶蓝、镶红两旗，在阜成门内各建厂房23间。此外，各旗皆建有火药厂，用来制造、贮存火药。清廷由兵部、工部及造办处负责有关事宜；各省督抚可根据前线火器实际需要情况奏报朝廷批准，然后开炉自行铸造。总的来说，清代这时期仍然是以仿制明代的红夷大炮为主。顺治初对火药制造的管理有所加强，陆续关闭了一些地方的火药局，造药全部集中到京师和内地几省，工部专门在京师设立濯灵厂（后又设荡氛厂），"委官制火药，特命大臣督之"。火药年产量约在50万斤以上。其中军需火药30万斤，烘药4000斤；演放火药20余万斤，烘药2000～3000斤。濯灵厂内设制药的石碾子200盘，每盘一次碾制火药30斤。药的质量与磨碾时间的长短有关，时间愈长质量愈好。军需火药为实战用，需碾制3天；演放火药只供演练，故1天即可。制造火药的方法大体同于明代，先分别选制硝、硫、炭，碾制时按比例配合，成品呈粉末颗粒状。据说用这种方法碾制出的上等火药，燃之掌中不伤手。这可能是因为火药充分燃烧，全部烟气化，手中没有留下残渣，加之燃速快，时间短，故不伤手。这体现出当时火药制造的水平也是比较高的。

　　明代灭亡后，其残余力量曾在我国南方地区建立了几个小朝廷，与清对抗，史称南明。郑芝龙、郑鸿逵在福州拥立唐王朱聿键，丁魁楚、瞿式耜在广西拥立桂王朱由榔，他们曾先后铸造火炮。郑芝龙制造的铁炮有实物传世，上有"隆武二年（1646年）"字样，可惜已残（见图67）。因郑成功后来曾沿用桂王永历年号，故他制造的铁炮出土实物较多。湖南长沙曾出土一件，上有"永历元年（1647年）二月造总制部院"字样，该炮是现知最早的一件永历政权火炮。1956年从香港佛堂门海（大庙湾）捞出一件铜炮，该炮通长179.5厘米，口外径22厘米，内径6.8厘米；炮筒简细长而后微粗，外有凸圈多道；中部有双耳轴，

图67　隆武二年铁炮

是在炮架上安置火炮所用；炮尾有球冠。（见图68）该炮身上镌铭7行，文为："督理东部都督府挂定海将军印系钦命总督两广部杜造，广东总镇官保府范，督造参将萧利仁，管局都习何兴祥，永历四年六月日，重五百斤。"据已故罗香林教授考订，铭中的杜氏为杜永和，范氏为范承恩，均曾效忠南明宗室。该炮现藏香港博物馆。

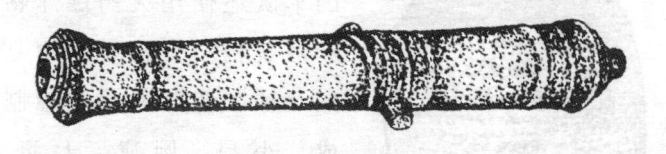

图68　永历四年铜炮

1953年陕西省博物馆入藏一件永历乙未年（永历九年，1655年）造铜炮，原存临潼县城楼上。该炮通长210厘米，口外径21厘米，内径11厘米，炮身有5道箍，中部有双耳轴，耳轴间有双錾，尾有球冠，大体形制与前一件相似。炮身后部铸铭3行，文为："钦命招讨大将军总统使世子，大明永历乙未仲秋吉旦造，藩前督造守备曾懋德。"（见图69）据有关人员考证，"钦命招讨大将军总统使世子"，即明末清初著名的民族英雄郑成功长子郑经。郑成功曾被南明隆武

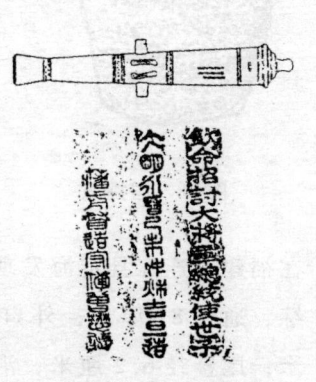

图69　永历乙未年铜炮及铭文

六　盛衰并见的大清朝火器

政权的皇帝朱聿键赐姓朱，号国姓爷，挂招讨大将军印总统使，故此炮为郑成功部所造。清左宗棠曾任闽浙总督，同治五年（1866 年）调任陕甘总督加封钦差大臣督办陕甘军务，曾驻营临潼城西对付捻军活动。估计是他把这门铜炮从福建运到陕西，在镇压捻军时安置在临潼县城楼。

除火炮外，永历政权的军队还使用火药爆炸物和铜铳枪。火药爆炸物是用一种陶瓷质的长腹罐制成，小口，圆肩，大腹，罐外壁上部施一点釉，或素面或施花纹，腹内装置火药，有火药捻，主要用来攻城或敌方营垒，守城时亦可从城墙上扔下（见图 70）。据说，郑成功在收复台湾打击荷兰侵略者时，曾经大量使用这种火药爆炸物，故俗称"国姓瓶"。铳枪实物也有发现，最近在福建省连江县定海发现一支。该铳呈节状，造型简练，通长 81 厘米；外口径 5.5 厘米，沿圈厚 1.4 厘米；尾銎径 6.2 厘米，沿圈厚 1 厘米；重 13.5 公斤。铜铳口部如嵌一颗小铜铃，铸有固箍。铳中部 1 对耳轴长 2.5 厘米。估计因此铳较重，发射时需设置枪

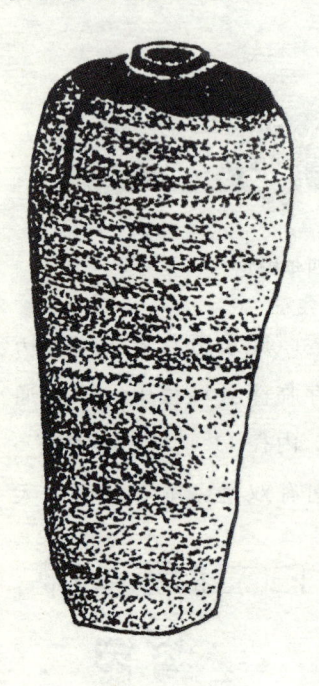

图 70 国姓瓶

架，双耳当是其支点。尾銎前有鼓状药室，前后加箍，正中有一小孔是插引信的。尾銎筒状，长15.5厘米，内有木梢残迹，近銎沿处有一固定把柄的钉孔。钉孔上方阴刻"国姓府"三字。（见图71）前边已说，南明皇帝曾赐郑成功朱姓，郑成功便被尊称为"国姓爷"，府衙也被叫做"国姓府"。因此，这件铜铳系郑成功部所用无疑，甚至可能是其府内亲军所用。福建东部沿海是郑成功抗清活动的重要地区，在这里发现其部所用火器并非偶然。此铳当为郑部赴台前用物。

图71 郑成功国姓府铜铳及铭文

② 康熙时期的火器

康熙年间是清代火器制造的重要发展时期，当时设立了三个造炮处所。一是紫禁城内的养心殿造办处，一设置于景山，两处所造之炮均称"御制"，主要供应京城守备和八旗兵。另一处设于京郊铁匠营（地名今存），主要制造铁炮，供绿营兵使用。养心殿造办处是最重要的中央造炮场所。

为适应统一全国及平定三藩叛乱等战争的需要，康熙皇帝对火器制造非常重视，每有重要的炮位铸制，即亲自指定官员前往监造，炮成后有时还亲临验炮。朝廷对火器制造实行统一管理，一般皆为京师炮厂铸制，由钦命官员验收合格后再拨给各地军队。各省有多余或残、旧炮，按规定一律解送京师，交工部处理，或整修或改造，或销毁重铸；路途遥远、山险路艰的省份，如福建、两广、云、贵、川等地，这些铜铁炮可留本地收储。地方确实需要铸造新炮，必须由总督、巡抚联名奏请，还需将所需工料、银两等一并报工部审核，待朝廷批准后方可铸造。

康熙时期曾经出现几位火器设计专家，著名者为戴梓和比利时人南怀仁，从对当时的影响来说，以后者为巨。

戴梓（1649~1726年），字文开，晚年自号耕烟老人，浙江仁和（今杭州市）人。12岁时即能诗善文，受到文坛巨擘钱谦益的赞赏。他的知识面很广亦深，凡象纬、勾股、战阵之学"靡不究悉"，并很早便对火器制造产生兴趣，曾通过明末力购红夷大炮的著名人物张焘之子——张嗣陇（弘载先生）学习西方的"火攻之学"，为他研制新型火器奠定了很好的基础。据清乾隆国子监博士金兆燕所著《耕烟先生传》记载：康熙十五年（1676年），因台湾尚未平定，朝廷需要火器，戴梓便将自己设计的冲天炮献上。当时南怀仁说，冲天炮出于比利时，他造此炮最为合适，但时经一年也没着落。于是康熙皇帝就让戴梓制造，8天即造出成炮。康熙大悦，率群臣亲试之，效果非常满意，即封此炮为威远将军，并命人将戴梓的名字镌刻在炮身上，以表彰其功。这种冲天炮的一个重要特征是炮口朝天，发射爆炸弹，以近代火炮类比，实是一种臼炮，即曲射炮。对此种炮有"子在母腹，母送子出，从天而下，片片碎裂，锐不可当"之说。据说康熙二十九年（1690年），玄烨亲征噶尔丹，在战斗中"以三炮墜其营，遂大捷"。可见，所谓威远将军炮威力确实不小。

北京故宫博物院藏有一件清代臼炮模型，其炮身很短而口径极大，炮口朝上时有如一口倒挂金钟，炮筒两侧有承置筒身的半圆形支架，上下有螺栓用以调整射角，筒身通长20厘米，口径约为其三分之一。另有一门造型相类的威远将军铜炮，此炮前侈后敛，浑厚短粗，重约500多斤，通长69厘米，口径21.2厘米，底径约32.5厘米，炮身后部阴刻满汉两种文字，汉文为："大清康熙二十九年景山内御制威远将军，总管监造御前一等侍卫海青，监造官员外郎勒理，笔帖式巴格，匠役伊邦政、李文德。"此炮炮膛明显分为两部分，有突出的中国古代传统火炮的风格。前膛深37.5厘米；药室直径10厘米，深16厘米。（见图72）使用方法是：首先在小膛内填满火药，药上置木马子；然后把带引线的爆炸弹放进大膛置于木马子上，弹周用火药填实，近口处以土围实。施放时，先点燃炮弹上的引线，再燃火门药。《钦定大清会典图·武备》称："炮发子出，迸裂四散，为用最烈。"发射方式亦颇似前述明代的飞推炸炮。

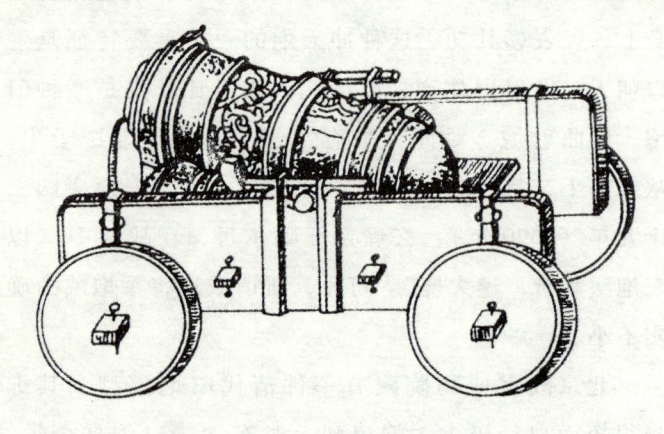

图 72 康熙二十九年威远将军铜炮

对于此炮的设计者，学术界有不同看法。有人以为是南怀仁设计。其实，康熙年间南怀仁设计制造的火炮皆刻其名，甚至他死后清人按其遗法所造之炮也刻上他的名字，以明其功。如康熙二十八年造武成永固大将军炮，其时南氏已死，炮铭仍镌"制法官南怀仁"字样（详见下）。再者，该炮的造型、发射使用方法具有浓厚的元明火炮风格，与南怀仁造炮的西洋风格差距较大。由此看，康熙二十九年威远将军铜炮很有可能是依戴梓的冲天炮制造出来的。至于炮铭没有戴梓名字，估计与他后来的遭遇有关。康熙二十六年（1687年），戴梓与陈宏勋斗殴事起，被诬通东洋，玄烨大怒，将其流放，发配到黑龙江。威远铜炮范铸是在此事后3年，其时戴梓已成罪犯，铭文中当然不会刻上他的名字。

除冲天炮外，戴梓还根据自己的西洋火器知识仿制了一种"连珠火铳"。纪昀《阅微草堂笔记》载：这种火铳外形如同琵琶，火药、铅丸皆贮于铳脊部的药弹仓内，仓下是供发射用的枪筒，之间以两个机轮开闭，扳一机则火药、铅丸落入枪筒，另一机随之启动，石激火而弹丸射出，可连续扳射28发。这种火枪是仿昂里哑（即英吉利）蟠肠枪而制造出来的。有人以为此枪装填的火药处于松散状态，发射时爆发力不强，影响枪的射程，没有什么实战价值。有关研究者指出这个观点有误，认为我国在明后期已经使用粒状火药，戚继光《练兵实纪》中即有记载，这种火药表面积大为减少，能够靠自重形成足够的堆积密度和均匀的气隙，可以提供足够的发射力量，戴梓所制连珠火铳具有实战价值是可以肯定的。北京故宫藏有一件昂里哑枪，全长108.5厘米，枪管长66厘米，口径1.6厘米，名为"自来火二十出琵琶鞘枪"。该枪枪托开有弹仓和发射药仓，与枪膛尾部机轮配合，可自动完成上弹和装药，扣动扳机点火即将弹丸射出，反复转动机轮可连续发射20枚弹丸。此枪即所谓蟠肠枪的实物。戴梓连珠火铳的贮药、弹仓的设置部位与其有所不同，连续发弹数量已达28发，可能仿制时有所改进，但大体形制、送发弹原理是基本一致的。

与戴梓相比，南怀仁对康熙朝火炮制造的影响和作用要大得多。南氏字勋卿，1623年10月9日生于比利时，原名Ferdinand Verbiesl。自幼入耶稣教会，勤奋好学，清世祖顺治十四年（1657年）受耶稣会派遣，以传教士身份来华，两年后抵达中国。初在陕西地区传教，因其精通历法、算学，顺治十七年（1660年）被清廷召至北京理历事，先后担任钦天监监务、钦天监副监、加太常寺卿衔、通政使司通政使衔。康熙十二年（1673年），吴三桂起兵反清，导致历史上著名的三藩之乱。叛军迅速占据云南、贵州、广西、福建、湖南、四川等省份，陕西等地的督抚也响应反清。一时间，朝野震动，人心惶惶。康熙帝力排众议，坚决主张武力平叛。他一方面选派劲旅遏止叛军北上；另一方面则积极制造火炮，力争从武器上胜过敌人。而南怀仁就是他最看重的造炮专家。

康熙十三年（1674年），皇帝传谕兵部："大军进剿须用火器，著治理历法南怀仁铸造大炮。"谕中根据战区山多水重的特点，要求所造之炮务必"轻利以便涉"。大概是担心南怀仁不了解形势的严重性，动作迟缓，康熙又亲自派遣内臣至南氏寓所传旨，嘱其必须"尽心竭力，绎思制炮妙法及遇高山深水轻便之用"。南怀仁不负重托，提出木包铜铁心的方案，在不影响射程和威力的情况下减轻炮重，以利跋涉野战，并很快造出轻巧的炮样进呈。经试射，连放100弹，全部命中目标且炮身无损。于是朝廷下令依样大批制造。炮成，康熙亲往卢沟桥炮场观摩，演习结束时称赞"木炮甚佳"。后这批炮发往军前，极大支持了清军与吴三桂在湖北的决战。所谓木炮，实为木镶铜铁心炮，管心材料为铸铁，口箍及尾球镶铜，炮身则以木料包裹，表面涂漆。北京故宫博物院有一件木炮，通长189厘米，内口径5厘米，前口壁厚6.5厘米，底径21.5厘米，管心铁质，外包一层木料。估计这可能是南怀仁所造木炮遗物。当时朝廷遇到军情紧急时，经常需要日夜赶造火炮。如陕西提督王辅臣反叛，前往镇压的清军苦于火炮不足，便急驿京师求炮。南怀仁便率领有关人员加班加点，昼夜赶铸，28天便制成20门红衣大炮，送交军前。

康熙十九年（1680年），清廷为加强八旗军的火器威慑力量，将直隶地区的废旧炮化铜，交南怀仁制造新炮。第二年八月，南怀仁督造的240门神威将军炮告成，试炮3个月，发弹21600发，命中率空前。康熙帝曾率亲王、内大臣前往观看，对新炮演习结果非常满意，说："尔向年制造各炮，陕西、湖广、江西等省已有功效，见今所制新炮，从未有如此之准者。"并特赐御服貂裘袍衣以示奖励。这种炮通长212厘米，内口径5.3厘米，前口壁厚2.85厘米，底径约19厘米，炮膛深198厘米，炮身有箍6道（见图73）。点火孔设在一正方形浅池中，上有可启闭的活动盖，用来防尘、防潮。合膛铅子重1斤2两，炮药8两射程100弓（1弓5尺），炮药9两可达150弓，依次递增。康熙二十二年（1683年），清军曾将多门神威将军炮运至黑龙江地区，放置齐齐哈尔12门，黑龙江12门，墨尔根8门。其中一些炮曾在后来反击沙俄侵略的雅克萨大战中发挥良好作用。

在南怀仁设计的诸炮中，还有一种巨型火炮，名

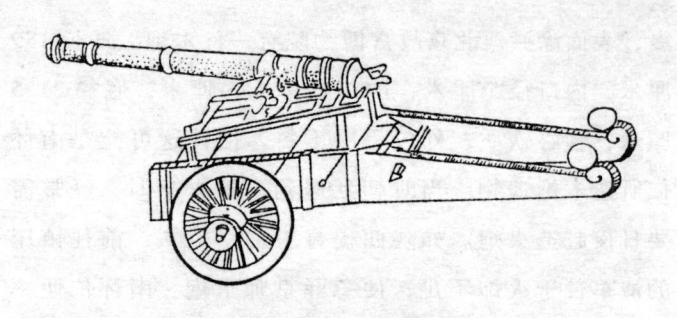

图 73 神威将军铜炮

叫武成永固大将军。《钦定大清会典》记载，这种炮炮筒前细后微粗，形如竹节，重 3600～7000 斤，长 9 尺 6 寸至 1 丈 1 尺 1 寸，杂镟花纹、蕉叶纹、回纹，有隆起 10 道，隆起皆镟星纹，近口为照星，底左右镌铭"大清康熙二十八年铸造武成永固大将军，用药十斤，生铁炮子二十斤，星高四分九厘，制法官南怀仁"。中国历史博物馆藏有这种大炮的实物，炮身所铸花纹与文献记载大体相合，炮上所镌铭文与《会典》也基本一致，同为康熙二十八年（1689 年）所铸"武成永固大将军"，亦有"制法官南怀仁"字样，只是星高为"六分三厘"。实测这门大炮通长 362 厘米，膛深 330 厘米，炮口外径 46.15 厘米，内径 15.5 厘米，炮尾底径 52.87 厘米。估重 4000 公斤以上。尾部铸有用来缚系炮体的球冠。炮体上有层均匀的绿薄锈，炮车铁轮和车辕尚存。（见图 74）该炮是现存清前期火炮最大最重的一门，体型巨硕，饰纹精美，代表了当时火炮技术的最高水准，也是中西科技文化交流的重要历史见证。经有关专家鉴定，这门大炮被评定为国家一级文物。据《熙朝定案》、《清朝文献通考》和《南先生行述》等书记载的材料,有案可查的康熙年间造炮总数为 905 门,南怀仁设计制造的火炮占 62% 强。

图 74 康熙二十八年武成永固大将军铜炮

康熙时期除朝廷造炮外,一些与其对抗的武装集团也制造过多种火器。此类实物也有发现。例如,1962 年云南勐腊曾出土一件李定国、李来亨父子抗清所用铁炮。发现数量最多的是吴三桂集团所造之炮。清文虎《舒艺室诗存》卷二载,咸丰年间南京校场一次出土数百门铁炮,因其铭文为"周"字纪年,张氏以为系元末"张士诚物"。新中国成立后,湖南长沙等地也有"周"字炮出土。现中国人民革命军事博物馆、江苏省博物馆、湖南省博物馆都有实物收藏(见图

图 75 江苏省博物馆藏"周"炮

75)。一些人仍认为这都是张士诚的"周"炮。

有关研究者不同意这种看法,曾先后对江苏、湖南出土的这类"周"纪年的铁炮进行了考察。其中江苏"周"炮5门,其铭文分别为"周一年二月造重三百五十斤"、"周二年二月造重三百五十斤"、"周三年三月造重五百五十斤"、"周三年七月造重六百五十斤"、"周四年六月造重五百五十斤";长沙周炮5门,铭文分别为"周元年十一月造重壹千斤"、"周二年正月造重五百三十斤"、"周三年六月□日造重五百五十斤"、"周四年八月□日造重五百五十斤"、"周五年二月□日造重三百五十斤"。研究者认为,吴三桂起兵反清后自立为周王,是很可能用"周"字纪年的。其前后称周王共5年零2个月,而所有周炮纪年从无超过5年者。长沙出土的炮铭又恰恰从一至五年排成一个系列,可见这种炮最有可能是吴三桂所造。另外,这些炮造型前细后粗,炮口有唇沿箍,两侧有圆耳轴,炮尾有球冠,一点也没有元代火炮的风格,相反却与明崇祯、南明永历、清顺治年间的火炮造型基本相同。可见,这些所谓张士诚的"周"纪年火炮,实际都是吴三桂集团制造的。铸制时间就在康熙十二年(1673年)至十七年(1678年)间,体现的是康熙年间的铸炮情况和一般水平。

雍正、乾隆时期,火器制造、设计、性能都没有什么创新,只是数量有较大增加。朝廷曾先后对京师各口、东北地区、青海、甘肃的城防、要塞炮位进行大规模的更换,总体水准虽不见提高,但在不遇强敌的情况下,还能在战争中保持一定优势(见图76)。嘉庆、道光时期,清代火器的落后则暴露无遗。

图76 乾隆台湾征讨图卷(局部)

8 诸火药兵器举例

  清代火药兵器数量较多,由于分类不够科学,因此名目颇为繁杂。仅以火炮来说,《皇朝文献通考·钦定工部则例制造火器式》记85种炮名,《清通典·皇朝礼器图式火器》记21种炮名,《钦定大清会典图·武备》记26种炮名。除前面谈到的火器外,现根据文献及有关实物资料再谈几种。

  神威无敌大将军炮。1975年齐齐哈尔出土,铜质。炮通长248厘米,外口径27.5厘米,内径11厘米,底径34.5厘米,重2000斤。炮上置有准星、照门等瞄准设施,炮身有箍3道(口、尾箍除外),近中部第一箍两侧各有一圆耳轴,近尾部药捻孔有长方形火门,尾后有球冠（见图77）。出土时膛内尚存1颗实心铁弹，径9厘米，重5.4斤。炮身镌铭文："神威无敌大将军，大清康熙十五年三月二日造。"《清文献通考》等文献记载，康熙十五年（1676年）在北京曾制造过52门神威无敌大将军，其中铜炮8门，各重2274斤，长7.7尺，口径1尺，膛口3.7寸，底径1.2尺，发射铁弹重8斤，用火药4斤。这是清前期的计量单位，如用现代尺寸、重量换算，它与上述出土实物十分相近，出土铜炮很可能是文献所记8门之一。这些炮造出后，大多布置在盛京（今沈阳）等重镇。康熙二十一年（1682年），副都统郎统奉命调往抗击沙俄入侵的前线，他在给康熙的奏折中，请求速调20门神威无敌大将军炮。《龙城旧闻节刊》、《黑龙江外记》、《朔方备乘》等书，皆记载齐齐哈尔、黑龙江等地布置有这种大炮，并曾在收复雅克萨之战中使用。

图77 康熙十五年神威无敌大将军铜炮

威远将军铜炮。这是一种轻型远射火炮，炮筒细长，小口径，发射实心弹，与戴梓所造威远将军炮在形制、性能上完全不同。北京故宫博物院藏有一门。

该炮通长 107.5 厘米，膛深 91 厘米，口径 5 厘米，瞄准的星、斗俱全，只是火门盖缺失。炮身镌满、汉铭文，汉文为"大清康熙五十七年景山内御制威远将军，总管景山炮鸟枪监造赵昌，监造官员外郎张绳祖，笔帖式张秉义，工部员外郎阿兰泰，笔帖式杨天禄，匠役李文德。"山海关城楼也存有两门，其一炮身长 101 厘米，口径 4 厘米，形制与故宫所藏相同（见图 78），只是铭文稍有不同。《清文献通考》说，威远将军炮长 3.1 尺，重 170 斤，发射重 19 两的铅弹，与实物基本对应。这种炮比较轻巧，适合随军长途跋涉，是攻城野战的利器。

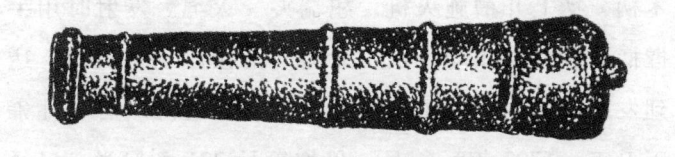

图 78　康熙五十七年威远将军铜炮

子母炮。也是一种轻型火炮。康熙年间制造，铁铸，北京故宫博物院藏有实物。炮分为母、子两部分。母炮通长 184 厘米，口径 32 厘米，后腹开口以纳置子炮，炮底如覆笠或覆铃，雕莲花瓣纹，炮身起箍 5 道，前后装准星、照门，膛底有相对长方小孔，用来插铁闩固定母炮与子炮。《钦定大清会典图》记有此炮，母炮筒长 5.3 尺，重 95 斤，安置在四轮平板车上。按规定，每门母炮要配 5 个子炮。子炮作长管形，内置弹丸、火药，大小与母炮后腹子炮室相配。子炮底径面中开一槽,备插铁闩,以便与母炮固定。发射时,将子炮放入母炮后腹开口内,穿系铁闩固定,再点燃子炮,弹丸通过母炮管射出;然后撤出固定铁闩,将已射出弹丸的子炮取出。如此反复,便可连续发射。子母炮在主体结构、射击原理上,实际都是仿制明代的佛郎机炮。因此,清代有人就直称其为佛郎机。

木把子母炮。这种炮外形似大型火枪,结构则是子母炮与火绳枪发火装置的结合。因其重量较轻,介于枪、炮之间,不用车载,仅两名炮手就可以抬动行走,故俗名"二人抬"。此炮炮管细长,后部镶一曲形木柄,柄上开槽施火机,翘端夹一火绳。发射时用手握柄,以食指扣动扳机,火绳向下接触子炮火门,达到发射目的。(见图79)北京故宫博物院藏有一件雍正五年(1727年)制品,母炮管长221.5厘米,口径

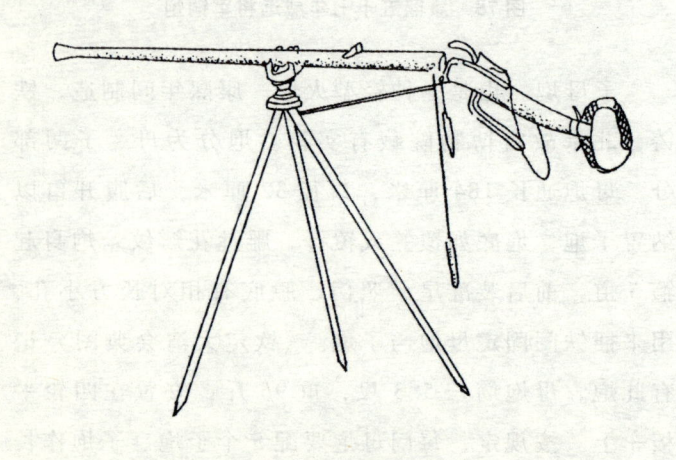

图79 清木把子母炮

2.6厘米。山海关长城博物馆也收藏有一件，通长226厘米，口径2.5厘米。我国沿用这种炮时间很长，在民国时期的军事冲突中仍有使用。

奇炮。《钦定大清会典图》载有这种火器。康熙二十四年（1685年）开始制造。重30斤，长5尺5寸6分，近口处安照星，中加斗，素铁火机，旁为双耳，后部是炮柄，柄为开柄，开口内置子炮。柄末缀立瓜，青缎为之，载以铁盘、铁錾承炮耳。附子炮4件，每个子炮装药9钱至1两，铁子2两6钱。这种炮属于子母炮系列，开柄类似普通猎枪，立瓜便于向下开柄，待装子合柄后控制火炮的角度和方向。火机置于木柄前部，系绳索向后拉动，推动火机点火。在北京故宫博物院所藏火器实物资料中，存有一根特殊的铸铁炮管。该炮管管壁厚约1厘米，星、斗俱全，长180厘米，口径2.7厘米；管末齐头与炮口相通，内径4.3厘米，旁开一槽，有2孔斜对，为装弹和固定之用，下安木把的铁轴装置。另有2枚形制特别的子炮，与上述管后径恰好吻合，可以从此处推入炮管后膛。还有一具三角炮架。该炮结构与文献关于奇炮的记载完全一致，当系其实物遗存。此炮为清代所独创，有很多特点，如子炮从炮筒底部直接送入，比子母炮先进，重量较轻，使用灵活，携带方便，有利于野战。

九节十成炮。见于《钦定大清会典图》。这是一种结构较为特殊的组合式清代铜炮。炮身由9节长短粗细相若的管筒组合而成。每节的一端铸刻出阳螺纹，另一端则制为阴螺纹，各节通过螺纹旋接为一件完整的炮身。瞄准具安置在炮身前后之端。该炮长度重量不等,长在5.1~6.9尺之间,重790~798斤。运载工具是四轮车,车上有承置炮身的立木。这是一种罕见的炮种,在有关文献和今人的论著中未见其用于实战;或许没有正式铸制,仅为一种炮样。

龙炮。一般说来,这是皇帝亲征时使用的一种御炮,纹饰华丽,极尽镌雕之能事,故又有金龙炮之名。在文献记载中,康熙年间曾三次铸造龙炮。《清文献通考》记,康熙十九年(1680年)造铜龙炮8门,重250~300斤,长度为5.7尺,铅弹重13~14两。《钦定大清会典图》记载两次。一在康熙二十年(1681年),用铜铸金龙炮,重280~370斤,长5.8~6尺,弹重13~16两,装药6.5~8两(见图80);一在康熙二十五年(1686年),用铁铸造龙炮,重80斤,长4.5尺,铅弹重5.2两。炮有双轮车载和四足架承载两种。何秋涛《朔方备乘》谈到齐齐哈尔炮库曾存有龙炮6门,有的学者推断其曾用于收复雅克萨的战斗。

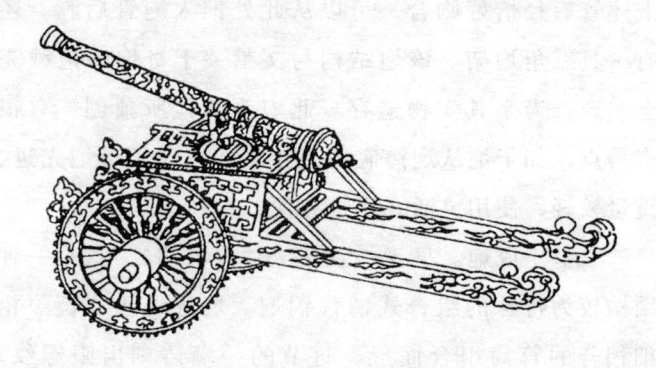

图80 康熙二十年金龙炮

龚振麟铁炮。首都博物馆藏品，为道光二十二年（1842 年）龚振麟所造。炮通长 140 厘米，膛深 121.5 厘米，外口径 22.5 厘米，内口径 12 厘米，底径约 42 厘米，火门隆起呈长方形，身管锥度大，炮口收拢，口边、照门、尾部球冠均残损，耳轴毁缺。炮身镌铭文，有"大清道光二十二年岁次壬寅仲春吉日，浙江嘉兴县县丞龚振麟、两浙玉泉场大使刘景雯监造试放"等字样。这门铁炮是清代著名火器专家龚振麟用铁模铸炮新法制出的。在此以前，我国古炮多用土模铸制，土模需要用一个月时间才能干透，如遇阴雨搁置时间更长，而且仅用一次即不堪再用，既费时又不经济。龚振麟为克服传统造炮法的弊端，矢志钻研，在传统的金属铸造技术上加以创新，终于发明铁模铸炮法。该法简单快捷，不仅内地工匠不知，"并为西洋夷法所未有"。一工收数百工之利，一炮省数十倍之赀。成品无瑕无疵，自然光滑。龚氏著有《铸炮铁模图说》（《海国图志》收入）。首都博物馆这件铁炮实物，对具体了解、研究龚氏的铸炮法具有重要价值。

靖夷铜炮。上海博物馆藏品，1955 年在南京附近的长江水道中发现。炮通长 205 厘米，口径 10 厘米，有箍 7 道，炮身分成 6 节，中部有双耳轴，尾部有球冠。在炮身第 2 节刻有双钩正书"靖夷"二字，左上方刻"道光二十二年七月"字样；第 3 节刻文为"管理军需制造所候补知县郑阳旌监铸"；第 4 节刻文为"试用府经历莫载，试用从九品郝怡曾，投效从九品吴尔达,平望营外委刘定海,昆山营外委盛绶章监造";第 5 节刻文为"计重一千二百十三斤,炮身长七尺三寸,膛口三寸二分,封门铁弹二斤八两,吃药一斤十两"。从该炮出土地点和炮铭"靖夷"二字看,这门铜炮显然是为抗击英国侵略者而铸制的,成炮时间正是鸦片战争结束之时,可能铸出不久即被沉入江中。

太平天国铜炮。太平天国起义过程中,也曾使用大量火药武器。太平军定都南京后,曾设立典硝衙、铅码衙、铜炮衙、典炮衙等制造和管理火器的机构。太平军的火器主要有地雷、抬枪、鸟枪和火炮。据有关文献资料记载,太平军使用的火器有相当数量是从敌人手中夺取的,有的还是比较先进的洋枪洋炮。例如,李秀成在上海青浦的战斗中,一次便缴获华尔洋枪队的洋枪 2000 余支,洋炮 100 多门。但也有一部分是自己制造的,特别是火炮铸造的数量较多。这些火炮在形制上和清军火炮相似,铜铁炮皆有,小者重仅几十斤,大者则重达数千斤。(见图 81)在考古工作中也发现不少实物。例如,1975 年在江苏省苏州市娄门内城河发现一门太平天

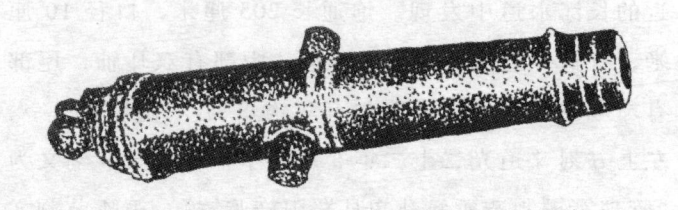

图 81 太平天国铜火炮

国的铜炮。炮体完整无损，光亮如新，全长 178.5 厘米，炮口内径 12 厘米，口外径 16.6 厘米。炮身有双钩阴刻正书铭文 3 行，分别为"太平天国壬戌拾贰年苏福省造"、"重壹千觔（斤）"、"红粉（即火药）四拾捌两"。据考证，该炮为当时太平军慕王谭绍光部所铸，曾在 1863 年的苏州保卫战中使用，后城陷被沉入内城河里。该炮制造较精，在工艺上不低于清朝同期所造的火炮。

七 全面吸收欧洲火器技术

清代中后期，火器技术的落后日见明显，特别是西方侵略者以武力敲开中国的大门后，这种落后在对比中显得尤为突出。其最根本的原因是封建的生产关系、制度的腐朽和没落。一些官吏和知识分子虽没有认识到这一点，但他们出于抵抗西方侵略、维护国家和民族利益的考虑，首先在军事领域里开始向西方学习，火器技术即是其学习的重点之一。

师夷长技以制夷

嘉庆以后，我国的火器技术停滞不前，甚至与自身相比也表现出落后的趋势。例如，嘉庆四年（1799年），清廷出重资改造160门前朝的神枢炮，美其名曰"得胜炮"。试放结果，不但没有任何进步，反而出现所谓"以多易少"的情况，本来神枢炮配足火药射程也仅及100步多一点，改造后的得胜炮射程反而不及100步。火药的制造也是如此，本来早在顺治时期已经使用碾盘碾制火药，嘉庆时却下令改为手工的石臼捣造，成品要捣 3 万杵以上，极大地增加了劳动强度，而产品质量、生产效率却丝毫没有提高。结果又不得不改为碾制。道光二十年（1840 年），齐齐哈尔请求造炮，以加强东北地区的国防前线，得到的命令却是按康熙二十年（1681 年）制造的神威将军炮和《皇朝礼器图》式样尺寸制造，将 160 年前的老古董用在前线，足见道光皇帝观念之陈腐和无知。再如，道光二十一年（1841 年），鸦片战争正酣，闭目塞听的清廷向前线清军提供的还是仿 170 年前西洋旧炮制造的老式炮。更可笑的是，清统治者以为将火炮加大加重就可增加效能，可壮士卒胆量，于是便一味地制造又大又笨的重炮。1962 年镇江南门虎踞桥曾出土一门道光二十三年（1843 年）铸巨型铁炮，长达 345 厘米，重 1 万斤（勋）。这种炮架好后，不但无法左右调整射向，而且由于耳轴粗大，耳轴前后炮重不均，就是调整上下射角也极其困难。另外这一时期炮的质量也很差。道光十五年（1835 年），虎门炮台演习，一次便炸裂 6 门海岸大炮。有一次，关天培试射 59 门新炮，竟炸裂 10 门，损坏 3 门，占成炮的 22%。类似事件在各地不时发生。道光二十年三月三日，《澳门新闻纸》报道当时清廷造炮的情况说："中国只知道用铁铸成炮身，不知道做炮膛，且铸成炮身……全无科学分寸，所以施放不能有准头……大约不能为害人物。"从整体情况说，这个报道还是基本符合实际的。

第一次鸦片战争的失败震动了朝野，一些人逐步认识到要富国强兵必须学习西方的先进技术，他们提出了"师夷长技以制夷"的口号。为了达到这一目的,必须加强清军的装备,购买、研制新火器和相关设备。

林则徐在广东看到,英军火炮射程远及 10 里之外;清军火炮却射不远,在交战中或来不及施放,或发射也打不着对方,敌方的炮弹却成批地落在自己的阵地上。于是,他一方面加紧修筑虎门炮台;另一方面则积极购置西方火器,主要是葡萄牙的 5000~8000 斤的大炮。经林则徐主持购置的西方火炮,前后共 200 余门,大大加强了虎门要塞的防御。

介绍西方火器的著名人物有丁拱辰。他原在海外谋生,道光二十年(1840 年)回国。时值鸦片战争爆发,为报效国家,他在广州悉心研究西洋火炮,进行各种试验,并写出《演炮图说》,对火药的配方、火炮的设计制作、西方火炮炮台以及有关设备进行了介绍。该书刊印流行后,受到社会重视。清廷赐给他六品军功顶戴。道光二十二年(1842 年)十二月,朝廷将此书及铜炮、炮架式样送至两江总督耆英处,命他按式制造。道光三十一年(1851 年),经人介绍,丁拱辰主持桂林铸炮局的造炮事务,曾造西洋式火炮 100 余门。同治二年(1863 年),丁拱辰又编著《西洋军火图编》6 卷,共 12 万字,附图 150 幅。该书是当时国人系统了解西方火器的最重要的著作之一。

西方殖民者是以炮舰打开中国大门的,因此当时一些人开始对新式炮舰进行研究。刑部郎中潘仕成,经过仔细深入地探究英军炮舰的特点,在详尽掌握资料的基础上,建成一艘新式炮舰。舰长 13.36 丈,宽

2.94 丈，其上树有 3 架桅杆；舱为 3 层，中藏火药柜 3 个，弹子柜 2 个；两舷安炮 20 门，舰尾安炮 2 门，炮重 2000～4000 斤不等；上甲板两侧安炮 18 门，炮重数百斤至 1000 斤不等，此外还可安置子母炮数十门、舰首炮数门。全舰乘员 300 多人。研究者认为，这是我国建造最早的能够安置舷侧炮的新式炮舰。

研制新式火药爆炸弹的工作在这时也已开始。火药爆炸弹在我国出现较早，明代文献已有记载，考古发掘中也曾发现明代空心铁弹，清代康熙年间也制造过此类炸弹，但由于各种原因没能很好地推广使用。因此，在 200 多年后的鸦片战争中，清朝官员见到西方殖民者的空心爆炸弹，"骇为神奇，不知如何制造"。当时西方所用爆炸弹有两种：一种是把圆形铁弹壳分为两开，内用铁链把两开铁弹壳扣合成一体，发射后炮子两半炸开，像蝶飞一样，故名蝴蝶炮子；另一种是铸铁空心炮弹弹体，留一孔，弹体内装一半火药，另一半装尖削铁棱，炮弹射出后爆炸，故名炸弹、飞弹。道光二十六年（1846 年），林则徐在署陕甘总督任上，命黄冕研究制造火药爆炸弹。经多次试验，终于造出空心爆炸弹。该弹体是个中空铁壳，内置火药、铁棱，射至敌方，铁壳即炸成碎片，连同弹内铁棱四散横飞，杀伤威力远远超过实心铁弹。此弹与上述西方爆炸弹相似。有关情况，黄冕所著《炸弹飞炮轻炮说》有详细记载。

这时期炮台的修筑也日渐讲究起来。炮台设施在明后期的一些城防要塞上已经出现，但在建造技术和方式上与修建其他建筑并无太大区别，显得较为原始。鸦片战争中，为了对付来自海上的侵略，沿海一些重镇开始建造新式的炮台。它从外观形式上看有长条形和圆形两种，其中又有明台式和暗堡式。

沿河炮台多采用曲状长条形。例如江苏镇江圌山关江防炮台。圌山依江耸立，其大矶头、二矶头两地点凸出江岸，炮台即设在上面。道光二十一年（1841年）修建，至今遗迹尚存。二矶头上的两个炮台保存比较完整，其中一座为暗堡式，全长34米，炮口正对江面，分3个炮室，内呈腰鼓形，中部最大宽度6米，脊顶高3.6米，进深8米，炮口宽2.5米，门宽5米，门侧附有小弹药库4个，堡壁厚3～5米，顶部已塌。建筑材料系黄泥、石灰、细沙，三者捣合为三合土模板分层浇筑夯实。另一座炮台有母堡3口及右翼子堡7口，全长65米。母堡形制大体同上，炮口宽2.5米，进深11.5～13米，脊顶高3.6米，门宽2.5～3米。子堡为明台式，炮口宽64～90厘米，护墙高1.75米。道光二十二年（1842年）夏，英军侵入长江，七月十四日抵圌山关。当时驻守圌山关炮台的清军仅80余人，奋起抗击，开炮击退英军先导船"伯鲁多"号、"复仇神"号，岸炮曾击中一英舰尾艄。后由于储备火药不足，无法发炮，只好弃台退守镇江。

第二种是圆形炮台，一般主炮台台基直径约为4丈，周有围墙，上厚8尺，下厚12尺，后部设有墙门，对海围墙上开口安炮，以扼制海口。主炮台近侧建小炮台，是保护主炮台的设施。这种炮门如倚山而建，须将山土铲平，四周削成直壁，置炮处铺砌细石、三合土或坚木板，以防止火炮倾陷。天津大沽口炮台气势雄伟，规模较大，大体属圆形炮台（见图82）。可能比照西方炮台改建过。

图82　清代大沽口炮台

针对敌军从海上来的特点，清后期开始进行海战水雷的研制。鸦片战争中，广东候补道台潘仕成和美利坚军官壬雷斯合作，几经试验，制出一种在海战中使用的匦式水雷。雷体外形呈扁匦六棱柱状，用樟木、榆木制成，要求不能透水，分大、中、小三种型号。大号长3.6尺，宽1.35尺，高1.5尺，板厚1.5寸。内用木板隔成三格，中格安置水鼓、火床及引爆装置等，两侧格分置炸药120斤。匦盖盖板有三个洞孔，两侧格上的孔作装填炸药用，入药后用药盖将填药的药管管口和盖孔密封；中格上的洞孔是为向水鼓灌水开设的，水鼓的水管口即在其下，平时这个洞孔盖有护盖，水管口盖有罗盖。匦侧分别加有铁坠，用来抵消密封后匦体的浮力。水雷制成后用油灰、漆布封存。

(见图83)使用时,由人将水雷送至敌舰底部,把护盖木塞拔去,海水通过水管注入水鼓,涨起的水鼓牵动发火装置引爆水雷。据说,这个过程需要5~6分钟完成,送雷者可乘机离去。道光二十三年(1843年),在天津大沽海口进行了这种水雷的试验,将长1丈6尺、厚3尺6寸的杉木筏置于水面,用锚缆固定,底

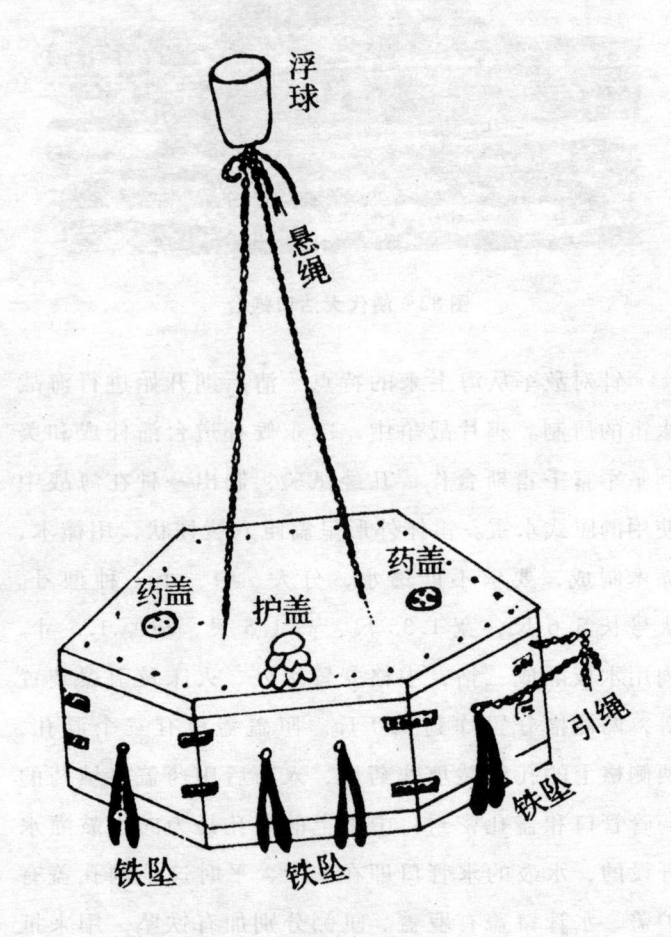

图83 海战水雷

置吃药 120 斤的水雷，拔塞后 4 分钟许，水雷爆炸，将木筏击散，碎木随烟飞起，海水为之激荡。可见，这种水雷的威力还是比较大的。

2. 政府兴办军工厂

兴办军工厂局是清代末年学习西方军事技术的又一个方面，是从机器设备等基础条件上促进火器制造的发展和更新。经奕䜣、曾国藩、李鸿章、左宗棠等人的倡议和努力，开始了清代第一批军工厂局的创建，其中安庆军械厂是最早的一家。该厂由曾国藩创办，筹建于咸丰十一年（1861年），第二年投入生产，主要制造火药、子弹、炸炮和试制火轮船，其管理人员、技术专家和工匠全部是中国人。同治五年（1866年）该厂迁往南京。这个兵工厂建立后不久，又陆续出现了一大批军工厂局，其中江南制造总局、天津机械局、汉阳枪炮厂的设备、规模、生产能力都名列前茅，堪称为晚清三大军工厂局。

江南制造总局的厂址在上海，故又名上海机械局，简称沪局。在该厂创办前，广东香山人容闳曾向曾国藩提出购买"制器之器"的建议，即购买制造机器的工作母机。清廷任命他为"出洋委员"，拨银 6.8 万两订购成套的机器设备。同治二年（1863年），容闳在美国马萨诸塞州的菲希堡买到 100 多种设备。同治四年（1865年）春，机器设备安全运抵上海。这年五月沪局开始建厂，它以原美国商人在虹口经营的旗记铁厂为主,并入丁日昌、韩殿甲在上海开办的两个小炮局,改名为江南制造总局。同年八月,清廷正式批准丁日昌出任总办,韩殿甲等人一同经办局务。成立之初生产规模比较小,清廷便将从美国购回的100多台机器设备全部拨给江南制造总局。它的主要任务是制造枪炮供给军用,其次是制造蒸汽轮船和机器设备,后来又冶炼军用钢材。同治六年(1867年),为扩大生产规模,厂址迁往上海城南高昌庙镇。到光绪十七年(1891年),该局已设有枪厂、炮厂、火药厂、枪子厂、炮弹厂、水雷厂、熟铁厂、铜铁厂、炼钢厂、机器厂、锅炉厂、轮船厂、木工厂等13个分厂,占地面积近670亩,是晚清最大的军工厂局。该局拥有厂房25791间,职工3592人,各类工作母机361台,大小汽炉31座(总功率10657马力);还开设了广方言馆、工艺学堂、翻译馆、炮队等多家附属机构。该局是晚清火器制造的主要基地,也是人们了解国外兵器制造和先进科学技术的重要窗口之一。(见图84)据统计,1867~1894年该局共制造步枪51285支,包括林明敦枪、黎意枪、快利枪、新快利枪、曼利枪、瑟枪等西式枪支;火炮585门,包括轻型火炮、速射炮、阿姆斯特朗炮、克虏伯炮等;舰船8艘,铜引4411023支,炮弹1201894发,水雷563具,以及其他各种弹药和钢材。

  1832年法国人开始研究硝化棉无烟火药,52年后法国人维利制成硝化棉无烟火药。这种火药燃烧后没有烟雾,所产生的气体是等量黑色火药的3倍。1888

图 84　江南制造总局翻译馆

年,法国军火工厂制成莱贝尔枪所用的无烟火药枪弹。就在这种火药研制过程中,消息传入中国,光绪十一年（1885 年）有人"仿造棉花火药已有成议",但因没有制造设备,无法将这一课题进行下去。于是江南制造总局在第二年便开始同德国人谈判,商议购买日产 1000 磅无烟火药的设备。光绪二十年（1894 年）建成无烟火药厂。次年在该局委员候选直隶知州王世绶组织下,无烟火药试制成功,质量也很好。此后便开始批量生产。品种有枪用无烟火药、75 毫米炮用方片无烟火药,57 毫米、120 毫米、150 毫米炮用扁条无烟火药等。据《江南制造局记》一书统计,从光绪二十一年至三十年的 10 年中,总计制造无烟火药 40.6

万磅。在这期间，江南制造总局的枪炮生产能力也有提高。据1895年5月该局总办刘麟祥致张之洞的电报称，以每年300个工作日计算，该局每年可造小口径快枪1500支，发射40磅炮弹的速射炮12门，发射100磅炮弹的速射炮6门；每天可造枪弹5000发，栗色火药100磅，无烟火药400磅。该局是加强、改善清军装备的最主要的兵工企业之一。

天津机器局，简称津局。同治四年（1865年），李鸿章派人在天津开局制造炸弹，为援护北京提供军需，后来又添加机器设备。两年后，在津城东贾家沽道建天津机器东局，继而在城南海光寺又建天津机器南局。初期生产能力较小，仅能试造小型铜炸炮及炮车架，日产火药只有300~400磅。同治九年（1870年）五月，李鸿章出任直隶总督兼北洋大臣，同时负责督办天津机械局事务。他着手整顿该局，扩建场房，增置机器，并调来大批工匠和技术人员，使该局日渐发展。先后增设洋枪厂、枪子厂、3个碾药厂、铸铁厂、熟铁厂、锯木厂、炼钢厂，生产能力有很大增长。光绪二十一年（1895年），该局改名为总理北洋机器局。据光绪二十五年（1899年）北洋大臣裕禄估算，该局平均年产洋火药65万磅、铜帽1500万颗、后装枪弹380万发、大小炮弹1.5万发，最高年产火药100万磅、铜帽2800万颗、后装枪弹400万发。它是当时仅次于江南制造总局的大型兵工厂。八国联军入侵天津时，该局被毁。

汉阳枪炮厂是张之洞创建兴办的。张氏任两广总督时，便开始订购制造枪炮的机器设备，预备建立兵工厂。后调任湖广总督，清廷同意他在湖北建厂的请求。光绪十八年（1892年），开始在汉阳大别山麓建造厂房，占地237亩。次年，向德国利佛机器厂订购的设备到齐。按设计能力，这些机器每日能造新式十连发毛瑟枪50支，每年造75～120毫米克虏伯山炮50门。但由于经费问题，建厂初期的生产能力仅及设计能力的一半。此后，该厂几经磨难，又建成炼钢厂和无烟火药厂。由于进口了一些新的机器设备，其生产规模和实际生产能力大大增加。光绪三十年（1904年），厂名更为湖北兵工厂。据统计，1896～1910年间，该厂生产德式毛瑟枪13.61万支；1896～1909年间，制造各类火炮988门，大多是仿德国格鲁森式；枪弹厂自创建到1909年，共造枪弹6300万发，平均每月生产60万发，最高月产达130万发；炮弹厂自建厂到1909年，造炮弹66万发，平均每月生产7000发；无烟火药厂自开工到1909年，制造火药33万磅，平均每日造200磅，最高日产达600磅；钢厂前后开工不到两年，产钢坯44.69万磅。湖北兵工厂是清末制造枪支、轻型火炮和枪炮弹的最大兵工厂。

除上述三厂、局外，清后期建成的主要制造枪炮和弹药的厂局还有苏州洋炮局、金陵机器局、西安机器局、福州机器局、兰州机器局、广州机器局、广州火药局、山东机器局、湖南机器局、四川机器局、吉林机器局、金陵火药局、浙江机器局、云南机器局、杭州机器局、广东枪弹厂、陕西机器局、盛京机器局、河南机器局、山西机器局、新疆机器局、黑龙江机器局、北洋机器制造局（袁世凯所建）、江西机器局、安徽机器局、贵州机器局、四川兵工厂等，可以说在清王朝灭亡之前，全国绝大多数省份都出现了一定规模的兵工厂。这些工厂虽没有从根本上改变清后期的火器落后状况，但毕竟在一定程度上缩小了中国与西方在火器生产上的差距，其进步作用是应予以肯定的。

3. 枪炮制造新技术

清代晚期军队使用的步枪，主要是从国外购买和军工厂局制造两个途径获取，大多是国外武器或它们的仿制、改造品种，从装弹、发射方式看，可分为前装枪、后装枪两大类。

前装枪是从前部枪口向枪管内装填弹药，据枪管内膛的形制特点，又分为滑膛式和直槽线膛式两种。滑膛式前装枪枪管内膛壁平滑，装弹、发弹皆滑行进出，中国古代的铳枪、鸟枪都属于此种类型，晚清军队使用的欧美枪支也有少量属于这种类型。军工厂局出现后，工匠们鉴于这些老式枪比较落后，便将欧洲较为先进的击发枪的发火装置改装到滑膛枪上。这种发火装置，由宝塔嘴、铜火帽、击锤三部分构成。宝塔嘴安置在枪管尾部，嘴上置一内装雷汞引火药的铜火帽。击锤为有尖吻的鸟头形，它连接在扳机上。扣动扳机，击锤尖吻啄击铜火帽，帽内雷汞发火，引燃枪管底部的发射药，将弹丸射出。它比火绳、燧石枪的发火装置要进步得多，既方便又能提高命中精度。这种击发式发火装置是欧洲在 19 世纪初发明的，一般与线膛枪配合使用，清军工厂局将它移植在滑膛枪上，使老式枪支得到一定程度的改造。前装直槽式线膛枪出现也很早，特点是枪管膛内壁刻有直线形的槽沟，可减少弹体在膛内的摩擦，发射后便于清除膛内火药残渣（见图 85）。北京故宫博物院藏有一支直槽式线膛枪，枪身全长 150 厘米，枪托刻"用药贰钱，铅丸五钱贰分，壹百弓有准"等字样。枪管长 106.5 厘米，上安准星、照门，管内膛壁刻出直线形槽沟。这可能是早期的线膛枪。清军工厂局设置后，生产过一定数量的前装线膛枪，主要是仿制欧美的步枪和骑枪。它由刻膛线的枪管、木质枪托、击发式发火装置组成。江南制造总局先后制造步枪 1487 支、骑枪 5990 支，都是这类线膛枪。

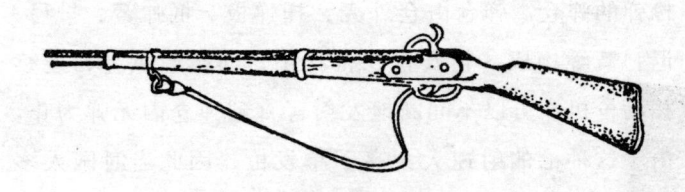

图 85　前装直槽式线膛枪

后装枪是从枪管尾部装填弹药，它的推广和最后定型是与定装式枪弹直接联系在一起的。1812 年法国人发明定装式枪弹，彻底改变了过去弹体与火药分开并分别装填的旧式弹药法。这种枪弹是把弹体（即弹头）、发射药和纸弹壳（装带底火的金属基底）连成一体,即今日所说的子弹。它大大简化了装填弹药的步骤和用具,为后装式线膛枪的推广奠定了重要基础。19世纪上半叶,普鲁士人德莱塞又研制出击针枪,用击针打击枪弹上的底火,引燃弹体内的火药发射弹头。这种枪明显提高了射速,射手以卧、跪或行进等各种姿态都可以重新装弹发射。这种击针式后装枪最初为单发,19世纪70年代传入我国,清军工厂局曾大量仿制,但并不成功。例如江南制造总局枪厂,以林明敦边针后装线膛枪为样品进行仿造,其间亦曾缩短枪的长度,减小口径,改用中针金属壳枪弹。但由于该枪容易走火伤人,清军士兵不肯领用,所以已经造出的3万多支枪只好闲置。

从19世纪70年代开始,英、美、法、德等国相继制造出一些连发式后装枪。这种枪除了枪管、枪机等部件有所改革外,最重要的是多出一个可存贮多发枪弹的弹仓。弹仓由仓外壳、托弹板、抵弹簧、护弓、退弹簧等构成。它安置在枪托中,向枪膛供弹,连续扣动枪机,可以不间断地发射,直到弹仓内无弹为止。由于这种枪的射速大大高于单发枪,因此当时国人多称其为快枪。19世纪80年代,这种枪传入我国,诸如黎意五连发枪、法国哈齐开斯五连发枪等。同时一些军工厂局开始仿制。江南制造总局在王世绥的主持下,以英制连发枪为样品制成一种快利枪。该枪长141厘米,口径1.1厘米,枪重4公斤,弹重26.5克,弹仓可一次装填5发枪弹,射程达2700米。试射时,靶距270米,能够击穿7毫米厚的钢板、13.2厘米厚的木板。后来又在该枪的基础上制出新快利枪，射击时弹头初速每秒489米，发射速度每分钟22～25发，可洞穿180米处5毫米厚的钢板，并击入钢板后的松木5厘米深，性能与购自外国者无殊。因此，江南制造总局在光绪十八年（1892年）开始批量生产，两年造枪1038支。其后产量逐渐增加，光绪二十年（1894年）制造1224支。产量最多的是光绪二十四年（1898年），制造了1980支。该局总计生产新快利枪11541支。

　　晚清军工厂局对跟踪仿制外国先进武器也比较重视。光绪二十四年，江南制造总局开始仿制德国1888年式毛瑟枪。这种枪是当时世界最先进的连发枪，除刺刀外枪长124厘米，口径7.9毫米，枪重3.75公斤，初速每秒600米，表尺射程2000米。采用回转式枪机，闭锁性能好。枪管外部有一根套筒，筒与管间隔0.5毫米以散热，因此这种枪又称套筒枪（见图86）。1898年德国又制造出一种新型毛瑟枪。江南制造总局得到样品后，在光绪二十七年（1901年）开始仿制。后闻知德国在1904年造出口径6.8毫米的更新的毛瑟

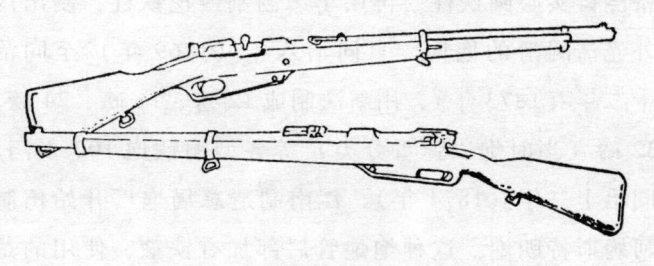

图86　套筒枪

枪，即于光绪三十二年（1906年）又行仿造。前后7年，该局共生产各式毛瑟连发枪1.1万支。其他厂家也在财力允许的情况下制造过多种连发枪。如汉阳枪炮厂，利用从德国进口的日产50支连发枪的机器，大量制造1888年式毛瑟枪。该厂造枪时去掉了原枪枪管外的套筒，增加了枪口护盖，这就是我国枪史上著名的"汉阳造"。

清代后期，我国的火炮制造技术已远远落后于欧美国家。虽然都是前装滑膛炮，但西洋火炮用料讲究，炮口径与炮身长度比例合理，射程远，精度高，炮弹除采用铅铁弹外，还有圆形空心、长形空心的爆炸弹和霰弹，杀伤威力大。当欧美螺旋膛式后装火炮出现后，这种差距更明显加大。一些人士曾希望研制新炮改变这种状况，清廷也企图通过购买新炮提高军队的火炮水平，但效果甚微。当一些军工厂局建成并批量仿制欧美火炮后，才为缩短这种差距带来一线希望。

清军工厂局早期主要是仿制欧洲的前装滑膛炮。首先是江南制造总局炮厂，根据欧式火炮整体造炮的技术改革过去的模铸炮法，利用熔铁炉和有关造炮设备浇铸实心圆铁柱，再用车床刨刮镟挖铁柱，制出内外光洁圆滑的炮筒。自同治八年（1869年）至同治十二年（1873年），用新法制成12磅、16磅、24磅、32磅（当时炮以弹重分类）等各型铜铁炮100多门。同治十三年（1874年），江南制造总局炮厂开始仿制阿姆斯特朗炮。这种炮炮管后部加有铁箍，使用的是以栗色火药为引火药、发射药的长形炮弹，在炮管强度、射程、命中精度上都优于同时期的其他炮种，是当时世界最先进的前装炮。从同治十三年至光绪十四年（1888年），该厂共仿制阿姆斯特朗前装炮91门，其中12磅炮1门，40磅炮27门，80磅炮20门，120磅炮22门，180磅炮19门，250磅炮2门。据清末姚锡光《长江炮台刍议》记载，长江口炮台有这类炮40磅者6门，口径120毫米，管长2.75米；120磅者5门，口径175毫米，管长3米；180磅者2门，口径200毫米，管长7米。这很可能是江南炮厂仿制的阿姆斯特朗火炮。因其射程较远，沿海要塞大都装备了这类火炮。

光绪十四年（1888年），江南制造总局开始仿制阿姆斯特朗后装火炮，当年制成大型炮3门。至光绪三十年（1904年），共造出400余门。其中有的炮体非常大，如800磅炮，口径304毫米，炮长11.8米，炮重50吨，弹重800磅，装栗色饼药300磅、黑色饼药200磅，射程达10公里；380磅炮，口径230毫米，炮长8.7米，炮重25吨，弹重380磅，装栗色饼药165磅、黑色饼药176磅，射程达11公里；250磅炮，口径230毫米，炮长8.7米，炮重25吨，弹重300磅，装栗色饼药200磅、黑色饼药150磅，射程达11公里。这些都是当时比较精良的后装式远程大炮。其他厂局也不同程度地制造过一些后装火炮。如汉阳枪炮厂，在光绪二十二年（1896年）使用从德国进口的制炮机器，先后制成各类后装炮988门，多是中小型野战炮。

随着火炮的发展，先进的管退炮又登上了历史舞台。清军工厂局也开始跟踪仿制。1897年，法国人制成液压气体制退式复进机，较好地解决了闭气问题，成功地造出75毫米口径的管退炮。这种炮在发射完炮弹后，炮架不再后坐移位。此前的各种前、后装火炮，炮身都是用耳轴固定在炮架上，发射炮弹时产生巨大的后坐力，这股力量通过炮身耳轴将炮架推离原位，第二次发射时必须调整离位的炮架。管退炮由于安装了制退复进机，发炮时炮架本身不再后坐，只是炮管在炮架上后退。这是一种非常先进的火炮，因此当法国制出后，俄、美、奥、日、德等国也先后仿制出带有自己特点的管退炮。清军工厂局仿制的是德国的克虏伯式管退炮，由江南制造总局炮厂制出。该厂使用本局炼出的优质镍钢，材质含碳0.32%，含镍3.5%，坚韧富有弹性；工艺采用层成自紧制炮法。所谓层成，是用起重机将钢块吊入热炉内，加温到摄氏870～1040度，再用汽锤将其锻压成炮管毛坯，经车床钻、车成炮内管；然后加热锻打在内管外逐次紧套的套筒或套箍。套筒有2～3层，作用是加固炮管。所谓自紧法，就是制出一个内径略小于层成法制成的内管外径的钢管，利用热胀冷缩的原理，将其加热至摄氏500度以扩大该钢管的内径；当它略大于已成内管外径时，迅速将其套在内管外，待冷却收缩后，两管便内外紧贴。这种成品管坚韧、致密，抗压性能极强。江南制造总局炮厂即是用这种管材做克虏伯式管退炮炮管，制退复进机采用弹簧式结构。成炮口径75毫米，炮身长

1.05 米，重 250 磅，连带炮床、炮架、车轴、车轮共重 864 磅。发射的是 12 磅炮弹，初速每秒 200 米，射速每分钟 10~20 发，射程 4000 米，发射时炮管后退 44 厘米。江南制造总局炮厂在光绪三十二年（1906 年）仿制成功第一门克虏伯式管退炮，时距法国第一门管退炮的出现仅 8 年。可以说它代表了晚清时期火炮制造技术的水准，是中国封建王朝借鉴外国技术在火器制造方面所能达到的最高水平。

参考书目

1. 冯家昇：《冯家昇论著辑粹》，中华书局，1987。
2. 〔日〕有马成甫：《火炮的起源及其传流》，吉川弘文馆，1962。
3. 王兆春：《中国火器史》，军事科学出版社，1991。
4. 王荣：《元明火铳的装置复原》，《文物》1962年第3期。
5. 魏国忠：《黑龙江阿城县半拉城子出土的铜火铳》，《文物》1973年第11期。
6. 晁华山：《西安出土的元代手铳与黑火药》，《考古与文物》1981年第3期。
7. 王冠倬：《火炮浅议》，《中国历史博物馆馆刊》1985年总第7期。
8. 郭正谊：《火药发明史的新探讨》，《中国历史博物馆馆刊》1985年总第7期。
9. 周铮等：《佛郎机铳浅探》，《中国历史博物馆馆刊》1992年总第17期。
10. 周铮：《天启二年红夷铁炮》，《中国历史博物馆馆刊》1983年总第5期。

11. 杜婉言：《赵士桢及其〈神器谱〉初探》，《中国史研究》1985 年第 4 期。

12. 成东：《明代前期有铭火铳初探》，《文物》1988 年第 5 期。

13. 戴志恭、肖梦龙：《镇江圌山关江防炮台遗址与出土炮弹考述》，《中国历史博物馆馆刊》1984 年总第 6 期。

14. 胡建中：《清代火炮》，《故宫博物院院刊》1986 年第 2、4 期。

15. 王育成：《说礔砲与炮》，1993 年 10 月 24 日第 6 版《光明日报》。

16. 王育成：《中国古炮考索》，《中国史研究》1993 年第 4 期。

17. 王育成：《传教士南怀仁和康熙火炮》，1994 年 6 月 16 日第 3 版《人民政协报》。

18. 〔英〕李约瑟：《关于火器的通讯》，《中国历史博物馆馆刊》1997 年总第 28 期。

《中国史话》总目录

系列名	序号	书名	作者
物质文明系列（10种）	1	农业科技史话	李根蟠
	2	水利史话	郭松义
	3	蚕桑丝绸史话	刘克祥
	4	棉麻纺织史话	刘克祥
	5	火器史话	王育成
	6	造纸史话	张大伟 曹江红
	7	印刷史话	罗仲辉
	8	矿冶史话	唐际根
	9	医学史话	朱建平 黄 健
	10	计量史话	关增建
物化历史系列（28种）	11	长江史话	卫家雄 华林甫
	12	黄河史话	辛德勇
	13	运河史话	付崇兰
	14	长城史话	叶小燕
	15	城市史话	付崇兰
	16	七大古都史话	李遇春 陈良伟
	17	民居建筑史话	白云翔
	18	宫殿建筑史话	杨鸿勋
	19	故宫史话	姜舜源
	20	园林史话	杨鸿勋
	21	圆明园史话	吴伯娅
	22	石窟寺史话	常 青
	23	古塔史话	刘祚臣
	24	寺观史话	陈可畏
	25	陵寝史话	刘庆柱 李毓芳
	26	敦煌史话	杨宝玉
	27	孔庙史话	曲英杰
	28	甲骨文史话	张利军
	29	金文史话	杜 勇 周宝宏

系列名	序号	书名	作者	
物化历史系列（28种）	30	石器史话	李宗山	
	31	石刻史话	赵 超	
	32	古玉史话	卢兆荫	
	33	青铜器史话	曹淑琴	殷玮璋
	34	简牍史话	王子今	赵宠亮
	35	陶瓷史话	谢端琚	马文宽
	36	玻璃器史话	安家瑶	
	37	家具史话	李宗山	
	38	文房四宝史话	李雪梅	安久亮
制度、名物与史事沿革系列（20种）	39	中国早期国家史话	王 和	
	40	中华民族史话	陈琳国	陈 群
	41	官制史话	谢保成	
	42	宰相史话	刘晖春	
	43	监察史话	王 正	
	44	科举史话	李尚英	
	45	状元史话	宋元强	
	46	学校史话	樊克政	
	47	书院史话	樊克政	
	48	赋役制度史话	徐东升	
	49	军制史话	刘昭祥	王晓卫
	50	兵器史话	杨 毅	杨 泓
	51	名战史话	黄朴民	
	52	屯田史话	张印栋	
	53	商业史话	吴 慧	
	54	货币史话	刘精诚	李祖德
	55	宫廷政治史话	任士英	
	56	变法史话	王子今	
	57	和亲史话	宋 超	
	58	海疆开发史话	安 京	

系列名	序号	书　名	作　者		
交通与交流系列（13种）	59	丝绸之路史话	孟凡人		
	60	海上丝路史话	杜　瑜		
	61	漕运史话	江太新	苏金玉	
	62	驿道史话	王子今		
	63	旅行史话	黄石林		
	64	航海史话	王　杰	李宝民	王　莉
	65	交通工具史话	郑若葵		
	66	中西交流史话	张国刚		
	67	满汉文化交流史话	定宜庄		
	68	汉藏文化交流史话	刘　忠		
	69	蒙藏文化交流史话	丁守璞	杨恩洪	
	70	中日文化交流史话	冯佐哲		
	71	中国阿拉伯文化交流史话	宋　岘		
思想学术系列（21种）	72	文明起源史话	杜金鹏	焦天龙	
	73	汉字史话	郭小武		
	74	天文学史话	冯　时		
	75	地理学史话	杜　瑜		
	76	儒家史话	孙开泰		
	77	法家史话	孙开泰		
	78	兵家史话	王晓卫		
	79	玄学史话	张齐明		
	80	道教史话	王　卡		
	81	佛教史话	魏道儒		
	82	中国基督教史话	王美秀		
	83	民间信仰史话	侯　杰		
	84	训诂学史话	周信炎		
	85	帛书史话	陈松长		
	86	四书五经史话	黄鸿春		

系列名	序号	书名	作者	
思想学术系列（21种）	87	史学史话	谢保成	
	88	哲学史话	谷　方	
	89	方志史话	卫家雄	
	90	考古学史话	朱乃诚	
	91	物理学史话	王　冰	
	92	地图史话	朱玲玲	
文学艺术系列（8种）	93	书法史话	朱守道	
	94	绘画史话	李福顺	
	95	诗歌史话	陶文鹏	
	96	散文史话	郑永晓	
	97	音韵史话	张惠英	
	98	戏曲史话	王卫民	
	99	小说史话	周中明	吴家荣
	100	杂技史话	崔乐泉	
社会风俗系列（13种）	101	宗族史话	冯尔康	阎爱民
	102	家庭史话	张国刚	
	103	婚姻史话	张　涛	项永琴
	104	礼俗史话	王贵民	
	105	节俗史话	韩养民	郭兴文
	106	饮食史话	王仁湘	
	107	饮茶史话	王仁湘	杨焕新
	108	饮酒史话	袁立泽	
	109	服饰史话	赵连赏	
	110	体育史话	崔乐泉	
	111	养生史话	罗时铭	
	112	收藏史话	李雪梅	
	113	丧葬史话	张捷夫	

系列名	序号	书名	作者	
近代政治史系列（28种）	114	鸦片战争史话	朱谐汉	
	115	太平天国史话	张远鹏	
	116	洋务运动史话	丁贤俊	
	117	甲午战争史话	寇 伟	
	118	戊戌维新运动史话	刘悦斌	
	119	义和团史话	卞修跃	
	120	辛亥革命史话	张海鹏	邓红洲
	121	五四运动史话	常丕军	
	122	北洋政府史话	潘 荣	魏又行
	123	国民政府史话	郑则民	
	124	十年内战史话	贾 维	
	125	中华苏维埃史话	杨丽琼	刘 强
	126	西安事变史话	李义彬	
	127	抗日战争史话	荣维木	
	128	陕甘宁边区政府史话	刘东社	刘全娥
	129	解放战争史话	朱宗震	汪朝光
	130	革命根据地史话	马洪武	王明生
	131	中国人民解放军史话	荣维木	
	132	宪政史话	徐辉琪	付建成
	133	工人运动史话	唐玉良	高爱娣
	134	农民运动史话	方之光	龚 云
	135	青年运动史话	郭贵儒	
	136	妇女运动史话	刘 红	刘光永
	137	土地改革史话	董志凯	陈廷煊
	138	买办史话	潘君祥	顾柏荣
	139	四大家族史话	江绍贞	
	140	汪伪政权史话	闻少华	
	141	伪满洲国史话	齐福霖	

系列名	序号	书名	作者
近代经济生活系列（17种）	142	人口史话	姜涛
	143	禁烟史话	王宏斌
	144	海关史话	陈霞飞 蔡渭洲
	145	铁路史话	龚云
	146	矿业史话	纪辛
	147	航运史话	张后铨
	148	邮政史话	修晓波
	149	金融史话	陈争平
	150	通货膨胀史话	郑起东
	151	外债史话	陈争平
	152	商会史话	虞和平
	153	农业改进史话	章楷
	154	民族工业发展史话	徐建生
	155	灾荒史话	刘仰东 夏明方
	156	流民史话	池子华
	157	秘密社会史话	刘才赋
	158	旗人史话	刘小萌
近代中外关系系列（13种）	159	西洋器物传入中国史话	隋元芬
	160	中外不平等条约史话	李育民
	161	开埠史话	杜语
	162	教案史话	夏春涛
	163	中英关系史话	孙庆
	164	中法关系史话	葛夫平
	165	中德关系史话	杜继东
	166	中日关系史话	王建朗
	167	中美关系史话	陶文钊
	168	中俄关系史话	薛衔天
	169	中苏关系史话	黄纪莲
	170	华侨史话	陈民 任贵祥
	171	华工史话	董丛林

系列名	序号	书名	作者		
近代精神文化系列（18种）	172	政治思想史话	朱志敏		
	173	伦理道德史话	马 勇		
	174	启蒙思潮史话	彭平一		
	175	三民主义史话	贺 渊		
	176	社会主义思潮史话	张 武	张艳国	喻承久
	177	无政府主义思潮史话	汤庭芬		
	178	教育史话	朱从兵		
	179	大学史话	金以林		
	180	留学史话	刘志强	张学继	
	181	法制史话	李 力		
	182	报刊史话	李仲明		
	183	出版史话	刘俐娜		
	184	科学技术史话	姜 超		
	185	翻译史话	王晓丹		
	186	美术史话	龚产兴		
	187	音乐史话	梁茂春		
	188	电影史话	孙立峰		
	189	话剧史话	梁淑安		
近代区域文化系列（11种）	190	北京史话	果鸿孝		
	191	上海史话	马学强	宋钻友	
	192	天津史话	罗澍伟		
	193	广州史话	张 苹	张 磊	
	194	武汉史话	皮明庥	郑自来	
	195	重庆史话	隗瀛涛	沈松平	
	196	新疆史话	王建民		
	197	西藏史话	徐志民		
	198	香港史话	刘蜀永		
	199	澳门史话	邓开颂	陆晓敏	杨仁飞
	200	台湾史话	程朝云		

《中国史话》主要编辑
出版发行人

总 策 划	谢寿光	王　正	
执行策划	杨　群	徐思彦	宋月华
	梁艳玲	刘晖春	张国春
统　　筹	黄　丹	宋淑洁	
设计总监	孙元明		
市场推广	蔡继辉	刘德顺	李丽丽
责任印制	岳　阳		